趣味の民謡人生

辻　義彦

趣味の民謡人生

目次

挿画：辻　義彦

江差の鷗は
人見知りする
羅臼の鷗は
人懐こい

はじめに

外で車の止まる音がしたので窓越しに目をやると、赤い小型の車から配達風の人影が降りてきて、事務所に来るのが分かった。耳を澄ますと小さな音がして、また人影は車へ引き返していった。

習慣で直ぐに玄関先の郵便受けに取りに行くと、ハガキ一枚だけ挟まっていた。細い薄いボールペン字で判読に少し手間取ったが、差出人を確認した。郵便番号も都市名も書かれていない。「湯浜町・・・、佐々木基晴」と読み取れる。まさか、佐々木基晴（もとはる）、聞いたことのある名前だ。民謡をやっている人なら、とくに北海道人なら一度や二度は耳にしている名前だろう。美声、美顔、テレビでも視て知っているかもしれない

間違いなく、民謡名人の佐々木基晴に違いないとは思うが、本文を読んでみないことには確信の程は定かでない。

一字たりとも見逃さないように文面に目を走らせた。確かに、本物の佐々木基晴名人からの文だ。名人の門下生で神戸市に住んでいる石井建三（号：基開（もとひら））さんから、拙著の「袖

すり合うも民謡(うた)の縁」(発行：北海道出版企画センター)を勧められて読み、美唄を懐かしみ、一筆書き送ってくれたのだった。

名人の実弟は佐々木石蔵さんといって、美唄市で土建会社を経営し、ライオンズクラブの会長などを歴任して地元の名士でした。民謡はやらなかったが、実兄の基晴名人が興行で来る折は、お願いして私と入場券の大口販売に一緒に奔走してもらったこともあった。

そんなことから基晴名人は、今は亡き弟さんの面影を私に感じたのかも知れなかった。

そして、師匠としての親心か、愛弟子の石井基開さんを民謡ばかりでなく演歌もすごく上手だと褒めたたえ、今後とも私と基開さんとのお付き合いをよろしく頼むと付け加えてあった。

私は石井建三さんと江差の追分セミナーで初めて出会い、それが縁で交友が始まった事由を、前作の「海を渡った民謡の縁」の章で紹介した。それが、今度は兵庫県神戸市の石井基開さんから北海道函館市の佐々木基晴名人へ。基晴名人から美唄市の私へと、民謡の縁がつながった。

そんなことがあって、民謡の縁の話、まだ終わられないと思って本書の執筆に取り掛かる気になった。

一、わたしの民謡組織

〈その一〉北海道民謡連盟

私は二八歳（昭和四十二年）で三味線を弾き始めて六年後、昭和四十八年に津軽三味線の西岡尚志師匠の門下生となった。その二年後の昭和五十年、西岡師匠のもとに「美唄声友会」を設立し、空知地区民謡連合会に加盟した。自動的に上部組織である北海道民謡連盟にも加盟したことになった。

加盟するや否や空知地区から美唄の民謡会が三つになったのだから次年度の空知地区秋季大会は是非とも美唄が主管して開催するようにと、美唄一の会員数を誇る会「美唄民謡研究会」の先生・木村怜章師（尺八師範：当時）に有無を言わせない説得に乗り出してきた。

困り果てた木村先生と研究会の会長が、緊急に他の二つの会「美唄三友会」と「美唄声友会」の三役を招集して、美唄民謡会三役合同連絡会議ということになった。研究会の木村先生の説明は聞いたが、では如何するかと発言するものは誰もいない。駆け出しで無資格者の者が、答えが見えないものを大先輩・大先生の前で恐れ多くて意見など言えるものでもない。きっと、三友会の鈴木さんだって同じ思いに違いない。

招集した当の研究会の会長は、「うちは会員数が多くても、おっかさん方ばかりでお茶を入れるくらいは出来ても、人前で挨拶したり、文章書いたりするのはとても無理だからね。」と、責任どころか、あなたたちが引き受けなきゃ如何するのよ、の態度。

三友会の鈴木さんも、いつまでも黙って居る訳には居られなくなったようで、ついに口を開いた。

「うちは、今日、会長が欠席していて、会長が来ていないのに、副会長の私が会長を差し置いて美唄大会の会長を引き受けるなんてことは、とても常識的に言ってもあり得ないことですよね。それに、うちの会長は店をやっていて忙しいから。」

白けムードで秒針の進む音まで聞こえそう。無言は続く。如何したものか。話は遅々として前進しない。今度は私が発言する番なのか？　私の会だって、今春、空知地区民謡連合会（略称：空民連）に加盟したばかりで組織や行事のことなど白紙に近いほど分からない。

無言のまま時間が経過していく。長老の研究会会長が、痺（しび）れを切らして名指してきた。

「辻さん。辻さんは学校の先生だし、声友会の会長もやっているのだから、美唄の大会だって実行委員長を引き受けてくれたっていいのじゃないの？」
恐れ多い、おこがましいなど御託を並べたが、木村先生から「困ったとき、相談してくれたら、なんでも協力するから、何でも言ってください。ぜひ頼みますよ。」
勿体ない。大先生にこんなに丁重に懇願されては恐縮して、とても反論など出来なくなってしまう。結局は、抗しきれず次年度の空知地区大会実行委員長を引き受ける羽目になってしまった。

翌年、昭和五十一年（一九七六年）十月。美唄市民会館八一〇席に補助椅子まで追加しての大入りで空知地区秋季民謡競演大会を無事に終了することができた。その反省祝賀会で大会成功の勢いに乗ったまま、研究会二一名、三友会一八名、声友会一六名、総勢五五名で美唄民謡連合会を正式に結成した。

それから過ぎること約半世紀、私は今も北海道民謡連盟に所属している。その間、北海道各地区から一名ずつ選出される連盟理事二期四年と連盟議長二期四年も経験した。議長は総会と総会に代わる理事会の統率をつかさどる任務を負う職責、連盟の三役に該当する。北海道民謡連盟の大幹部になったことを自負した。誰に勧められたのでもなく、好きで始めた民謡三味線から、いつの間にか組織の運営にも力を注ぐようになって、会を越え、美唄を越え、空知を越えて北海道本部まで来てしまった。これ以上の役職は自分の民謡人生では、もう望めないと思った。

議長退任の総会時には、全道各地の大師範一九名と一緒に道連盟最高位の「最高師範」を授与され、代表して謝辞を述べる光栄にも恵まれた。

思えば二八歳で趣味の民謡に志して以来、私は一般会員の経験がなく、最初から民謡会会長という肩書を背負う宿命を負っていたようだ。

出発点の「美唄民謡声友会」から始まって、美唄民謡連合会、翌年から空知地区民謡連合会の副議長、議長、空知地区副会長。空知地区副会長と道の連盟理事や連盟議長を兼務していた。

一見、超エリートコースを辿ったことになるが、それなりの苦労はさせられた。路線の違いから師匠と袖を断って、親交を回復するのに何十年もの年月が経過したりもした。

まだ空知の新米の役員だったころ、技能委員会（唄・三味線・尺八・太鼓・お囃子）のあ

新時代らしく頑張るぞ、と気持ちを一新して、勇気がわいてきた気持ちになった。最終ページには特大の太文字で「道連連合委員会いよいよ発足!!」感嘆符が二つもついて、協会本部が北海道道連連合委員会の結成をこれ程までに歓迎してくれていたのかと、本当に嬉しくなってしまった。

それから、如何いう人生の巡り合わせか、私は平成十八年に連合副委員長に指名された。平成二十七年には、あの北海道民謡連盟の議長を退任した春、ほっとした瞬間があったかどうか、今度は公益財団法人日本民謡協会より道連連合委員長の任命を受けた。

全国大会に出場する選手を選抜する連合大会を、自分の責任で開催しなくてはならないのだから連盟議長より遥かに重責な役職ということになる。

連合大会では、入賞者に協会理事長と並んで連合委員長の氏名が併記されている賞状を授与し、北海道地区大会や他の連合大会での全国大会選手選抜の審査員を務めたりもする。

予想もしなかった気高い役職だ。それからは役職をいつも脳裏に抱えている生活になった。それが殆ど連合委員会の作業を伴う仕事なのだ。それに、会議・電話・郵送書類など時間と出費が嵩んで、質量ともに半端な仕事ではない。

それなら委員長を辞めれば、と思われるお方も居られるかもしれないが、永年身を置いてきた趣味の道で、それなりの働きをしてきて辿り着かせてくれた光栄ある役職を、そんな大義のない理由で辞退する訳にはいかない。

日本の民謡界のため、連合会員のため、支部のため、門下生のため、全力傾注するのが連合委員長の責務だと自分に言い聞かせた。

〈その三〉江差追分会

これが私の所属する三つ目の民謡組織、江差追分会。覚えてくれていますか？

一つ目は、北海道民謡連盟。二つ目は、公益財団法人日本民謡協会。その三つ目が「江差追分会」。

私は民謡会に入門した当初は唄を習った。西岡師匠は空知では秀抜の津軽三味線の弾き手だった。それで私も聞き覚えのある「津軽タント節」から手ほどきを受けた。何か月挑戦したろうか、三味線の弦を垂れるほど緩めても声が届かない。諦めて、津軽物を色物にしたら何とか唄える唄は探せたけれど、津軽三味線を習いたかったのが本音だったので、唄も続けるが、三味線修業を主にすることにした。

やがて、数年後に独立して「鏡峰会（きょうほうかい）」を創った。会主となって指導と伴奏に専念するようになって、ほとんど舞台で唄うことは無くなってしまった。

そんな状態が何年も続いていた頃、縁戚に当たる函館の館和夫さんから「ヤンサノエ」という江差追分会の会報が送られてきた。創刊号と二号と三号。

和夫さんは私より二つ歳上で、親戚の葬式ぐらいにしか顔を合わせることはないが、お袋が、「和夫さんはよく気が利いて、みんなの面倒をよく見て、偉い人だ。」と話すのを何度か聞いていたので、すでに心を開いて趣味など語ったりしていた。

和夫さんが函館の住吉町に居たころだから、だいぶ昔の話になるが、私はまだ三味線の気違いを自認していて、青森県の高橋竹山師宅（東津軽郡小湊）を訪問したことがあった。帰途、三味線を持ったまま和夫さんの家にも立ち寄って、酒の勢いも借りて「弥三郎節」を弾いた記憶がある。

だから、和夫さんは、わたしの民謡気違いぶりを何年も前から知っていて、近況報告も兼ねて自分の好きな江差追分の研究の一端を私に知らせてくれたのだろう。

「ヤンサノエ」の創刊号には、前江差町長の濱谷一治氏の巻頭言で、二つの江差高校で選択科目に江差追分を取り入れるという記事が載っていて、驚いてしまった。

でも、三部まで一通り目を通して私を動かしたのは、三号の最終頁「事務局から」の記事。

「セミナー開催します。参加申し込みは事務局まで」と、必ずしも追分会会員に限定した内容ではなかったことだった。

このころ私は民謡修業に限界のようなものを感じて悩んでいたかもしれなかった。北海道民謡連盟でも日本民謡協会でも、試験を受けて貰える指導者資格は殆ど取得していて、手付かずの分野としたら江差追分しか残っていなかった。

しかし、唄うことの苦手な自分に、江差追分といったら、とても簡単に手出しできるものではないことくらい、永年の体験から身に染みて知っていてずっと距離を置いてきた。

そんな状況下のとき、誕生したばかりの北海道道連連合委員会の大会を観て、新たな強烈な感動と動揺を覚えた。

先生と呼ばれている会主や支部長（現、会代表）たちが、全国大会に選抜されるべく門下生と対等にマイクに向かって真剣勝負で唄って、審査を受けている。三味線の先生が江差追分や道南口説きを、堂々と。さすがに断トツの巧さ。門下生とは比較にならない自信がある先生がたばかりなのだろう。

自分も支部長だが門下生の唄に三味線伴奏をつけるだけ。道連盟の空知大会では一端の先生気取りでいられたのに、ここでは通用しない。現状のままの自分でいい訳はない。門下生は、うちの師匠も唄ってくれたらいいのに、と思っているかもしれない。

門下生に真似のできない得意な唄を一曲でも身につけなければならない。

そんなときに目についたのが、江差追分セミナー受講生募集の記事。自分にできるかという不安は当然あったが、それ以上に、もう民謡では江差追分以外に挑戦するものはないという行き詰まりを感じていた時でもあった。誰に相談するでもなく、即決、江差追分事務局に受講の申込をした。

十二月になって北海道空知地区の役員会があると、終了後、これも例年のように「喉、渇かない？」と、誘い水をかける同志がいる。即刻、行く店まで決まってしまうのも趣味仲間の好いところか、悪いところか。その席上で、江差追分セミナーへ参加する話をしたら、深川の滝本豊壽（たきもととよし）さん（まだ全国優勝する前）が、「うちの追分会も五〜六人行くから、うちの車で一緒に行かないか」という誘いを受けて、幸いとばかりＯＫしてしまった。

新しい年が明けて、二月。滝さん一行が迎えに見えたのは、待ちくたびれて、半分眠気がさしていた夜の九時過ぎ。雪が降っているのに、この時刻に遠い江差までに行くとは。私は嫌気がして行くのを止めようと思ったりもしたくらいだった。

だけど渋々、車に乗り込んだ途端に気分が一掃された。冴えない表情で挨拶した途端に、明るくて弾んだ声が一斉に「よろしく」と何重にもなって返ってきた。こうなったら自分だって明るく振り舞わない訳にはいかない。

運転席は山田都子雄（としお）、助手席に滝本豊壽、その後席に自分、通路を挟んで隣が内田勝三（うちだかつみ）、その後部席三人が運転席側から谷口博美、真ん中に紅一点の山形ナカ子、その隣、わたしのすぐ後席になるのが石崎忠夫。どうやら深川追分会の精鋭たちらしい。

「全部、一人で飲んでいいんだぞ」と言って、滝さんが手つかずのままの一升入りの酒パックと紙コップと乾物のつまみを手渡してくれた。みなさん、それぞれ自分の飲み物を用意してきているようだ。車内が明るく賑やかに感じたのは、すでにアルコールが行き渡っていたせいもあったのかもしれない。めいめい勝手におしゃべりをして、笑い声がひっきりなしに聞こえてくる。

それから三時間も経過したか、少し笑いも静まったころだった。

「石崎先生、尺八持ってきているっしょ?」と声がかかる。滝さんの声で、「今回は、後ろ座席から行こう。谷口さんから唄って」

なんと車内がたちまち江差追分教室に変わってしまった。訓練されている。石崎さんが車に揺られながらも尺八を吹く。言われなくても、誰かのソイ掛けが入る。谷口さんが真剣になって苦しそうに唄い出す。

外から見ると、凄い場面になっているに違いない。真っ暗な雪の夜道をライト頼りに、小さな七人乗りの自動車がまっしぐらに走行を続け、中では外気のことなど気にもかけないで心を炎のようにして、ひたすら江差追分を唄い続けている。

深川追分支部。こんな場面があるとは想像もつかなかった。谷口さんの唄は終わった。

次に、師匠から唄に対するワンポイントアドバイス。初め、みんな友達みたいで誰が師匠か見分けが付かない感じを受けたが、追分が始まりだすと敢然と師匠・滝本豊壽が目立って輝きだす。素晴らしい会だ。

内田さんだったか、ストップウオッチで計測して、「〇〇秒かかった。もう少し、速めに歌ってもいいかもしれないね」と、進言したのには全く度肝を抜かれた。自分は息を切らないで唄うことが一大課題なのに、唄う速さを問題にするとは、自分と全くレベルが違うことを恐ろしいほど感じさせられた。

真冬の真夜中、午前三時三十分。一行が辿り着いた旅館は、偶然に私と同じ姓の辻旅館。こんな時刻なのに、女将は帰郷する我が子を待ちわびていたかのようにやさしい笑顔で、「雪道、運転、大変だったしょう」と、労い(ねぎら)の言葉をかけてくれた。女将も眠いだろうに、すぐに眠らなくては、と思ったときに、「よし。安着祝いやるぞ。」と滝本師匠の大声。間髪を入れずに、「はい、はい、はい。」と長距離運転してきた山田さんが、いつの間に浴衣に着替えたのか、上張りまで着て、焼酎と氷を入れたポットを盆に乗せて、テーブルに並べたではないか。なんと手際のよい気配りの良さ。これでは、自分だけお先に失礼と勝手に寝るわけにはいかない。

この日、就寝、午前四時三〇分、翌朝と言っても当日起床六時三〇分。睡眠時間二時間。だけど男性群は六人一部屋の団体行動だから、まず一人だけ寝坊する心配は全くない。

平成十八年（二〇〇六年）二月十六日、第二一期江差追分セミナー（第三週目）、私の追分セミナーの初日が始まった。その時は進学高校でいえば学力別クラス編成とも云える能力別・等級別クラス編成。ＡＢＣ・・・Ｇまで、七クラスあって、受講生は六九名。私は五級、六級、無級者も含めて八名のＧ学級。

講師は講師中紅一点の浅沼和子先生。開講式のときは、怖そうに見えて緊張したが、授業になると、かなりベテランの感じで大の男たち（受講生）にも媚びる様子を少しも見せない毅然とした態度で、簡潔明瞭、平易な言葉で、ときに冗談も交えて子供を優しく見守る如くで、安心して指導を受けられた。これで、三日間の江差追分セミナー、なんとか最終日まで耐えられそうだと、気が楽になった。

そうだ、自分はここでは生徒なのだ。四〇年近くも小中学校の教師をしてきて、退職しても、地域にいても、民謡会に行っても、何処にいても先生と呼ばれてきて、やっと此処へ来て生徒になれた。

それにクラスに知っている人が誰もいないのも、よかった。何となく安心できる。無資格者だから下手で当然、見栄を張る必要がない。失敗してもいいと思えるから、伸び伸び気分。近年、こんなに清々しく自由な気分になったことがない。

初日は、セミナー終了後、五時から全受講生と講師陣を入れての記念撮影。その後、やっと解散。

旅館に戻れることになる。

やっと解放されて、会館ロビーで深川の連中を待っていると、何処からか私を呼ぶ声が聞こえた。なんと先述の和夫さんと従妹の綾子さんが、私を激励に来てくれているではないか。函館から江差まで二時間もかかるのに、それも雪道を。美唄へ戻ったら、またお袋に、「お前は図々し過ぎるよ。」と言われるかもしれないが、甘えついでに、それから江差文化会館近くの飲食店で私と綾子さんは豪快に日本酒で気勢を上げた。和夫さんは、俺は飲まなくても話はいくらでも付き合えるからと、相変わらず江差の権現様の感じ。まさか江差で同世代の親戚三人が集まって、一献交わすことになろうとは。すべては和夫さんの計らいであろうけど、このことも追分セミナー初日の出来事として忘れられない思い出になっている。併せて、今は亡きお袋への土産話になったことも忘れていない。

翌月、札幌にある北海道民謡連盟本部で理事会があった。終了後、すでに日民の道連連合委員会で顔見知りになっていた吉田翠山さん（現、江差追分会名誉師匠）に、確か江差追分会札樽地区の役員をしていると聞いていたので、「今頃だけど、江差追分、始めたよ。」と雑談交じりに話したら、

「やあー」その年齢でと驚いた表情で「やるなら、三級までは頑張りなさいよ。」と言われた。

「何なのだ、三級とは？」三級と言われても、自分には位の重さは全くわからないけど、外交辞令ということもある、「はい。では三級まで頑張ります。」と、いとも軽々と答えてしまった。この時、後で、この「三級」のために泣く思いをすることになるとは想像もしなかった。

二、初めての江差追分進級試験

漫然と聞いていた江差追分を唄う立場になって聴くと、唄い手によって高さ（キー）が一人ひとり違っていることに気がつく。自分となぞって唄うためには、自分の声の高さに合うモデル唄を探さなくてはならない。レコードに載っている人は、巧くて声の高い人ばかりで、持っているLPレコード一一枚、すべて掛けて聴いてみたが、自分の声に合う高さの唄は一曲も無かった。

やっぱり唄は駄目かな、特に江差追分はお門違いか、と一瞬、唄に挑戦する以前に気力を喪失しそうになったりもする。どうすればいいのだ。まだ一級にも挑戦していないのにギブアップ（挑戦放棄）か。

ふと数年前、私が編集に携わっていた『美唄文化』を届けたお返しに、例の和夫さんから江差追分会五十周年記念誌『風濤成歌』を寄贈されたのを思い出した。書籍のほかに追分のCDも入っていた筈と、ラジカセで聴いてみたが、古調追分や浜小屋節・新地節・積木石節の勉強にはなったが、自分がなぞって唄う手本になる追分は見つけられなかった。

やっぱり駄目か。殆ど諦めかけてテープ棚を眺めていると、「江差追分名演集〈追分名人たちの古調と現代〉」が眼に留まった。物は試しだ。B面は〈古調〉になっているので除外して、A面だけに絞って聴くことにした。

近江八声・小笠原次郎・房田勝芳・木村香澄の四人だが、小笠原次郎を聴いたところで胸の鼓動が速まった。このキーだ。即刻、小笠原次郎の唄をモデル唄に決めた。

早速、録音を開始した。三〇分テープにダビング、A面全曲、B面本唄のみ、三本作った。

平成十七年五月十一日㈬、この日から唄った回数の記録が残っている。どうやら私の江差追分の修業はこの日から始まったようだ。

「鴎の　鳴く音に　　ふと目を　覚まし
　　あれが　蝦夷地の　山かいな」

低音にぴったり、錆の効いた声でゆったり唄っている。今で云えば、基本形「止め落とし」の部分に妙に迫力があって、今でも其の真似はできないが、ともかく、一節「かもめの」を一息で唄うことを最大目標にして挑戦を始めた。

二、初めての江差追分進級試験

翌年、平成十八年二月十六日、初めて江差追分セミナーに参加したときは、二、〇〇〇回以上も唄い熟(こな)していて、深川追分会の先輩たちにも引けを取らない気持ちになっていた。バカの怖いもの知らずとは、このことだろう。まったく恥ずかしい限りだ。

セミナーでは、私の拙いところを先生が唄って直してくれているのに、どこの個所を直されているのか不明なのだ。それでも、理解したふりをして、「はい、なるほど、わかりました。」と、如何にも納得したように着席をする。

受講生を一巡して、やがて、また自分が唄う番が来る。

「あれっ！　さっき出来たのにね。」

「すいません。すぐ、忘れてしまうんです。」忘れたのではなく、初めから覚えていないのだ。先刻は覚えたふりをしただけ。何ということだ。演歌なら、二、三回も聞いたら、鼻歌程度は歌えるようになるのに。美唄で二、〇〇〇回以上も練習して、自信満々で江差へ来たというのに。

それからは、自信喪失。また、指名されるかとどきどきして講師先生と目が合うのが怖くて顔をまともに上げられない。

小中学校の通信簿の音楽評価はいつも五だった。それが、江差に来た途端に最劣等生に陥落するとは。津軽じょんから節だって、あいや節だって、半音の多い津軽よされ節だって、二尺六寸の高さでは唄える。音痴の筈はない。江差追分って何なのだ！　わたしの音楽のプライドをどうしてくれるというのだ。その後は、傷だらけの自分と葛藤するばかりで、自分の順番になる度に、「はい。わかりました。」と虚偽の言葉を繰り返してしまった。講師先生、御免なさい。

そしてセミナーの最終日の午後。生まれて初めての江差追分の進級試験が行われた。もちろん、私は、受験料の五千円はともかく、進級試験を受けるなど恐れ多くて、そんな気持ちなどに毛頭なれなかった。

旅館での朝食時、「今日、セミナーの最後に追分の試験があるの、どうしても受けなければならないもんかい？」と訊くと、滝さんが、「ああ、それな、都子雄に、ソイ掛け、やってもらえ。いいべ、都子雄！」

「もちろん、先生がやれと言うなら、火の中、水の中でも。」

と、山田さんが即答。

この方は瞬時の会話にも笑いを入れる名人らしい。

二、初めての江差追分進級試験

「それから受験料な、追分会員は二千円だけど、追分会に入っていない人は五千円。だから深川追分会に入れ。二千円でいいから。」

私も滝本師匠に乗せられて、いや、金に目がくらんだのか、即、深川追分会に入会することを了承した。これで、いよいよ江差追分の世界に足を踏み入れることになった。

試験の結果は、「青天の霹靂（せいてんのへきれき）」（突然うける衝撃）、自分でも信じられない合格。それも六級を跳び越えて五級の「免許状」、「江差追分会格付け五級を免許する」を授与された。

初めての江差追分試験に合格、それも、まさかの飛び級合格。この日は、「追分酒場」でも二次会場でも、三次会場でも、江差中どこへ行っても祝福されている気がして、心行くまで飲みまくり、唄いまくってしまった。

戯れ書き

☆　師匠を選ぶも芸のうち

初めてこの言葉を聞いたとき、成程と思った。唄のうまい人は、師匠たちの唄や指導を観て、あの師匠になら自分も習いたいことを教えてもらえると判断できるらしい。

自分の場合は、師匠の三味線を聴いて、一目惚れならぬ一聴き惚れ。余計なことを考える間もなく、即、門下生に加わったが、それで失敗したと思ったことなど一切無かった。

ひょっとして、私も師匠の秀逸な芸を聞き分ける芸の才能を持っていたのかもしれない。

私には、うっかりすると自惚れ根性が顔を出す癖があるので本当に注意しなくてはならない。失礼しました。

三、感謝の墓参

ここらで、わたしのお家事情を白状する。

気まずかったが、美唄の菩提寺の住職に、辻家の墓を札幌の霊園に改葬したい、と告げたところ、仕方がないですね、と気持ちよく納得してくれた。

わたしも、八十歳を前に、後継者の居ない自家の墓の管理に不安を覚えていたところ、札幌に住んでいる直近の姉と唯一の妹に相談を持ち掛けられて、好い機会とばかりに決意したのだった。

妹夫婦が札幌の新霊園が売り出した墓を購入したという話から、妹の夫が「うちは小家族で、墓が寂しいから、お兄さんたち（私たち夫婦のこと）も一緒に入らないかな」と呟いていたということが話の発端。

姉は、妹が持参した桜の花に囲まれたカラー写真の宣伝パンフを見て、すっかり気に入ってしまって、自分たち夫婦と私たち夫婦の共同の墓を購入しないかと持ち掛けてきた。

内容は、（説明書の抜粋から）樹木葬といっても散骨や合葬式ではなく、桜の木に囲まれた区画内にサークルを配置し、石のプレートを墓標として、個別に埋葬する方式を採用。料金も、後継者が心配・将来の管理で子どもに迷惑はかけたくない・墓守のこと・管理費用などの心配は一切不要にしてくれる「管理料一括制度」。締めて、一一五万円。

管理料一括制度を利用した場合、〝お骨を大地に還す納骨方法〟で埋葬もできる。カロート（納骨棺）には、八体程度の埋葬が可能。地方から改葬した先祖代々のお骨も一緒に納骨が可能。私の不安解消にぴったり一致した。

この文面で、私は姉の希望通り妹夫婦の墓と背中合わせになっている墓を共同購入することに決めた。墓には母の名前を最初に刻もう。その後は、あの世へ旅立つ順に刻むことになるが、いずれにしろ、自分夫婦とすぐの姉夫婦と、介護付き有料老人ホームに入っている長女の名が刻まれることになる。

そんなことがあって、美唄の菩提寺の住職から改葬の承諾を受けて、気持ちが軽くなったら、見納めの気持ちが湧いたのか、急に美唄の墓にお参りに行きたくなった。盆前の掃除と草刈りは明日の予定にしていたが、妻の都合を確かめて、今夕、出かけることにした。

三、感謝の墓参

この日は暑かった。朝から太陽は照り付けて、気温が三〇度にもなっていた。日射病と目の刺激を避けて、五時過ぎに家を出ることにした。それで事務所の物置から草刈り鎌と除草剤を積んで自宅へ寄ったら、妻は墓地にある水桶より大きなプラバケツに盆花を満杯に入れて、もう一方の小型のバケツに墓参の品々を揃えて、すでに用意をしていた。

西日の太陽が、昼間の太陽よりも強く激しく照り付けている。硝子体破裂、眼底出血、網膜剥離で右目を手術したのは一七年前。もう、とっくに完治している筈なのに、この西日は耐えられないほど眩しくつらい。

国道を通るのを止めて、自宅からは東側に位置する南美唄の山道を行くことにした。南美唄大通り、郵便局、自衛隊官舎、ジンギスカンの昭和畜産を抜けると、やがて山道。まもなく専修大学北海道短期大学の廃校舎を横目に市営の高齢者介護施設を越えると、すぐに光珠内市営墓地に到達する。

我が家の墓は火葬場の入り口を目印にして、正面から七列目だから分かりやすかったが、この日は直ぐに見つけられなかった。水飲み場が増設されていたり、新設の墓が増えたりして外景が変わっていた要因かもしれない。

いい時期に改葬を決めてよかったと思わなくてはならない。自分が墓の清掃にも来れなくなったらどうしよう。代わりにやってくれる人なんか居ない。

そんな心配事を口にはしなかったが、時々、思い出すこともあった。


弔いなんかしてもらわなくても構わないが、素性の分からない古ぼけた墓が、周りに放置されてあったら、墓参の訪問客は気持ちが悪いだろう。だからって、人様の墓を勝手に処分するなんてことは、できることではない。自分が建てた墓は後継者が居ないのであれば自分が処理するのは当然のこと。

こんな理由で母の遺骨の入った墓を処理するために、住職に改葬の了解を得て、墓石の解体を石材業者に依頼したのだった。


ほどなく、辻家の墓を見つけることができた。辻家　先祖代々・・・？

自分が建てておいて、「先祖代々」は失敗だった。お袋が息子の私たち夫婦と同居するようになって、自分が一家の当主と考えるようになったからだろうか。

辻姓の墓を建てて、お袋を安心させたいという思いがあったことは確かだが、心のどこかに世間に対する見栄もあった気がする。

至って信仰心の浅い自分が、墓を建てて、先祖代々などという言葉を使っていることが、どうも純粋な気持ちでなかった気がする。

墓を建てたのは昭和期の終わりころだった。兄が存命で静岡県のあるホテルで支配人をしていたころだから、三〇年前にもなろうか。辻家の墓の建立を二人兄弟なのに兄に相談しなかったことを想起すると、もう兄は、私とお袋が暮らしている北海道には戻らないことを予想していたのかも知れない。

それから三年も経ったろうか、兄は五八歳で、勤務中に職場で突然死を遂げてしまった。母と私は駆け付けたが、社葬というのかすべて会社で賄ってくれて、国会議員・知事・映画俳優・何某会社社長、・・・と書かれた大きな献花の数々を見て、兄の職責の大きさと優しかった人柄を思いやるばかりだった。

翌年、兄の一周忌にお袋と、この時は静岡ではなくて、すでに新居を構えた東京八王子へ出向いた。この時、兄の奥さんはまだ健在であったが、一人息子のH君が戸主らしく立派な対応をしてくれて、感動と安心したのを覚えている。

「屋上はプールになっているので、夏の暑い日は泳げるよ。」

「豪華ですね。」金持ちなのだ。口には出さないが羨ましい。

「せっかく家まで来てくれたのだから、うちのお墓も見ていってください去年、建てたばかりです。」

と、かなりの長距離を車に乗せられた記憶がある。やがて、行楽地のような展望の利く広大な墓地に案内されて、いろいろ、ひどく多くの感動をしたのを記憶している。

野球の選手や政治家だったか、小説家など日本史に名を残している有名人や偉人の名前が刻まれた墓石がぞろりと並んでいる。

日本共産党の貢献者が入る巨大な墓碑まであった。墓地という一般に湿っぽくて暗い雰囲気など何処にも感じられない。若者が集まって、笑い声でも響かせるのが似合いそうな、そうキャンプでも花見でもしたくなるような華々しい観光地の感じだ。

美唄の私の墓地は、一区画、畳二枚の広さで、二千円。建立費は五十万円。

この東京（だいぶ車を走らせたので他県かも知れないが）の墓地一区画はいくらだろう？H君には、「いくらした？」と、気恥ずかしくて訊けなかった。美唄の十倍で二万円。

百倍で二〇万円。千倍で二〇〇万円。万倍で二、〇〇〇万円。それ以上の高額は自分の資産の範疇に入らないから想像は中止してしまった。

兄が墓を持ち、弟も墓を持つ。兄弟一人ひとりが自分の墓を持ったら、将来的にどういう結果になるのだろう。お袋は、自分の長男息子の墓の前で、自分の死後を予想しただろうか。

「私が死んだら、お前が建てた美唄のお墓でなく、立派な兄ちゃんの方のお墓に入ろうかな。」とでも言いだすかと、一瞬、考えてしまった。

「兄弟、それぞれ、いい場所を見つけて、よかったね。」

お袋は目を閉じて、墓に向かって祈るように合掌した。私は涙をこらえて母に感謝したのを覚えている。

その母が、平成十九年、百三歳で天寿を全うした。自分の建立した墓に納骨したのは唯一、母の遺骨だけ。

それから一〇年経った。

とんだ誤算だった。肝心の先祖代々の文字は、風化して色あせて、直ぐには探せなかったが、隣接してある前妻の実家の墓と墓碑の文字は、新しくて目印になった。かっての義理の両親の命日をはっきり読むことができた。

前妻は、健在だと風のうわさで聞いているが、私との再会を避けて美唄に来ることはないだろうから、その弟が位牌を守って墓参の任を果たしているのだろう。

いつの年だったか、二十日盆の過ぎたころ、墓まで車を走らせたことがあった。そこには、今の妻が盆前に買い求めたのと違う花が、両家の墓前に枯れたままになって飾られていた。盂蘭盆の合間を潜って、前妻かその弟が、墓参に来ていた証だった。

義弟は、毎年、私ども夫婦が、実家の墓清掃をして、両親の弔いをしてくれているのを察して、心底感謝しているだろう。

妻が前妻の実家の墓を入念に清掃して、線香や献花をしてくれているのを見ると、私は本当に申し訳ない気持ちで胸が一杯になってしまう。

三、感謝の墓参

「別れた奥さんの家の墓掃除や墓参りをするなんて、とんでもない話。私の知ったことじゃないでしょう。自分一人でやればいいでしょう。私には関わりのないことだもの。」

もし、こんな一言があったとしたら、自分たち夫婦が、十年以上も一緒に前妻の実家の墓参りをすることなんか出来なかっただろう。それより、今のように穏やかな仲の夫婦が存在していたかどうか、疑問に思えてくる。

不和の種は夫である自分が蒔いたと悟っていても、やはり妻に正当性を主張されたら、我慢は難しかったに違いない。

墓を洗う妻の後ろ姿に感謝と謝罪を込めて黙礼した。これが美唄で最後の墓参になるだろう。近頃、自分は、今、妻に罪滅ぼしをしているなと思うことが度々ある。話の続きは、又いずれ。

79

四、昇級をめざして

「棚から牡丹餅」のように全く予想外の合格であっても、「五級、昇級おめでとう」、「頑張ったね」と、一緒した深川やセミナーの仲間から祝福やら激励の言葉を受けると、すっかりいい気持ちなってしまった。その喜びがチャレンジ精神を誘発して、次は四級試験を受けてみたいと、自ら格付け試験に挑戦したい意欲に駆られてくる。こんな気持ちで一気に江差追分にのめり込んでいった。

私は深川支部に所属しているが、滝本師匠に教えを請いに行ってはいなかった。美唄から札幌へ行くより深川のほうが遠いという理由もあるが、それより近くに北海道民謡連盟の空知の仲間で、追分の指導者が他にも居るということもあった。

江差追分全国大会第八回優勝者：山本ナツコ、二四回：鈴木タマリ、熟年第三回：島節子、この時は滝本豊寿や佐竹春敏は、まだ全国優勝する前であったが、佐竹春敏については浦臼だから私の自宅から車で二〇分足らずで行くことができる。

でも、私は三味線弾きで、ここまで伸し上がってきた輩だから、私の民謡師匠は三味線の西岡師匠一人だと決めている。その因果については別に詳述するので、ここでは割愛することにする。

そんなことで私の追分練習は、小笠原次郎の追分テープの高さに合わせて、なぞって真似して唄う歌唱法で、毎日最低一〇回は本気で声出しをしている。併せて、当初は毎日のように、近江八声の「江差追分入門」のテープを聴いて、声出しもした。

翌、二〇〇七（平成一九）年二月、再び深川追分会の仲間と同乗して、江差町に参上した。今度は、一応は有資格者なので差ほどの緊張感もなく、少しは気持ちに余裕をもってセミナーを受講できた気がした。だから当然の結果として四級に昇級するものと審査結果の発表を余裕の構えで待っていた。

そうして、待望の格付け審査結果の発表は、「五級秀」。四級じゃない⁉　四、〇〇〇回以上も唄ってきたのに。津軽じょんからの曲弾きだって、記録はしていないが、四、〇〇〇回も反復をしていないかもしれない。

格付けに「何級秀」という格付けがあるとは！「五級秀」と「四級」に、唄い方にどんな違いがあるのか分からない。四級になるには、また来年二月のセミナーまで待たなければならないのか？「四、〇〇〇回以上も、唄ってきたのに」悔し紛れに呟いた声が、滝本師匠に聞こえたようだ。

「ただ、数多く唄えばいいってものではないんだ。」練習の仕方があるというのだろう。

「左様でございますね。」きっと今に滝さんより上手くなってやるからな。と、悔し紛れに空意地張ってはみたものの、美唄へ戻ると、元の木阿弥、四級に届かなかった悔しさも何処へやら、現状維持の練習方法が続いてしまう。意地が足りない。気持ちの何処かで、何らかの対策を講じなければと思いながらも、日常の生活に流されてしまう。

平成十九年、亥年、当方六七歳は、特に印象に残る年だった。

◆雪の少ない暖かい正月で、テレビでは三月中旬の気温と発表された。

◆美唄ときめき舎開設一〇周年を記念して「中高年のときめき人生」の執筆を開始した。

◆入院一八年目のお袋を見舞いに行く途中、札幌の手前で猛吹雪にあって運転に大変な目にあった。それに腰痛も重なっていた。

◆北海道民謡連盟の理事に推挙された。

◆「芦別馬子唄」競演大会で二位になった。
◆江差追分歌唱数十二月には七、〇〇〇回に達した。
◆お袋、全機能不全により一〇三歳で死去。四九日の法要が済むまで、追分の練習を控えて、「般若心経」の読経を繰り返し、暗誦できるようになった。

話は少し逸れるが、お袋が亡くなったのが十月二十九日。昼間、私ども夫婦が見舞いに行った夜。夜間の付き添いをしていた直ぐの姉からの電話だった。百歳を超えていたから来るものが来たかという感じだった。

翌朝、札幌の病院からお袋の遺体を霊柩車に乗せて、美唄の私宅に戻りついたのが午前一一時。到着するや否や町内会の班長さんから、「Yさんの奥さんが、今朝未明、お亡くなりになりました。」の電話。まだ私が、お袋の死を町内会の班長さんや会長さんに連絡する前に、他の訃報を受けてしまった。死んだのは我が家のお袋のほうが先なのだ。

そんなことより、Y夫人は私の家の斜め向こう三軒めに居住していて、わたしのライフワークにしているシニアの社交場「美唄ときめき舎」のハッピーさん（常連客）の一人なのだ。ともかく、それから、町内会長さんに葬儀会場や日程を相談して、通夜は翌十月三一日とし、告別式は十一月一日とした。

二日後の十一月三日は日本の祝日、文化の日。美唄市民文化祭：舞台芸術部門発表会の日でもあるのだ。私の美唄民謡鏡峰会(きょうほうかい)は常連中の常連。お袋の初七日も過ぎてはいないが、今までも民謡優先の生活を貫いてきたのだから、我儘を通させてもらうもとにした。前日のリハーサルは欠席して、ぶっつけ本番だけ出演して、「去年より、かえってよかったよ」と皮肉っぽい称賛を言われてしまったこともあった。

話を元に戻す。こんな理由で平成一九年は喪中はがきを書くだけの、年賀状も期待できない、淋しい年の暮れとなってしまった。

翌、平成二十年（二〇〇八年）、覚悟していたせいか、年賀状が無くても差ほどの淋しさを感じないうちに正月は終わった。待ち遠しかった追分セミナーの二月がやってきた。唄った数だけは目標どおりに実行できたが、自分では歌唱技能の進歩は見つけられなかった。集中性というか気迫というか何か欠けるものを感じる。こんな様子ではいい結果は期待できない。不合格なら無様だし、世間体が悪い。芸を習っていて、進歩がなければ世間体が悪いなんていう発想はあり得ないのに、私は、そんな考えにも苛まされていた。

それでも、セミナーの仲間たちがみんな進級に挑戦するのに、自分だけ辞退しますという勇気も主体性も無くて、結果的に受験することにした。

セミナー最終日、午後の格付け審査。この時は二尺五寸の高さで唄った。不安のままで結果を待ったら、なんと「四級」合格！　セミナーを受講してよかった。意気地なしでよかった。進級審査に挑戦してよかった。

六級から一級まであって、四級は中間点。航路の半ばまで来たことになる。

江差追分を唄い始めて三年で三階級昇進。この調子で進級すれば、深川の先輩方に追いつくのも、そんなに何年も先のことではない。意欲倍増、またまた得意のチャレンジ精神が胸を熱くする。

幸運にも、この年、平成二十年、秋季追分セミナーも開催することになったようで、江差追分会事務局から案内の封書が届いた。

まるで、私の気持ちを知っていたようなタイミング。十一月下旬ともなると、その年の民謡行事が殆ど終了して、ほっと一息を付けるころ。ありがたい。江差行きの準備の時間はたっぷりある。

即答、返信、出席。十一月二十日㈭から二十二日㈯までの三日間。二月と同じ規模の三日間のセミナー。

この時は、深川支部では自分だけの出席ということで、妙に張り切った気持ちになっていた。ひょっとしたら、毎回、江差に来るときは決まって運転してくれている深川支部の山田都子雄さん（四級）を、密かに追い抜くチャンスになるかもしれないという邪な策が腹の隅にでも在ったのかもしれない。「四級秀」を取得すれば、江差へ同行する深川グループの最下位は私でなく山田さんになるのだ。

秋季セミナーの最終日、土曜午後の格付け審査。上手く唄えたつもりだったが、結果は、「保留」！

「保留」は現有資格のままで昇級は不可ということだから、言い換えれば不合格ということ。

なんという話だ。せっかくの秘策が無残にも水に流されてしまった。すでに唄った回数、九、〇〇〇回も越えていたのに、追分に進歩が無かったとは？　落胆ぶりが顔に出ていないか心配になったほど酷い落ち込みを感じた。あれだけ唄い重ねてきたというのに。今までの練習が無意味だったのか？まったく前進は無かったのか？

先刻まで得意全としていた気持ちが一瞬に奈落の底へ突き落ちてしまった。自分の練習方法に確信がもてなくなった。深川の連中が同行していなくてよかった。こんな姿、見られたくない。

- せつど　抜けています。
- もみ　一定していません。
- 本すくり　半すくりと区別がついていません。
- すくい　浅いです。
- 止め　止めが不安定です。

思い出して書いているので、〈指導事項〉の実際の指導文章とは異なっていると思うが、指摘された事項は、そのような内容だった。七つの基本形のうち五つも不完全さを指摘されてしまった。これは、どうみても、一晩や二晩で克服できる内容ではない。今は気力も体力も消沈しているから、いい練習方法などとても考え付くはずがない。美唄へ戻って、追分修業の根本の根から反省してみるしかない。

考えて上手く唄えるようになるわけではないが、それでも修業の根本の根から改めることは無いか考えてみた。

今までの練習で何か足りないものは無いか？　練習の仕方で他の人と大きく違うところは無いか？

江差追分の生徒さんなら、直接お師匠さんを尋ねて指導を受けるのが一般的な形だろう。そうして、時にはお師匠さんの人間性に触れながら、時に厳しく時に優しく喜怒哀楽を共有しながら人間的にも成長していくのだろう。そのうちに気の合った会員たちが競い合ったり、友達になったりして、楽しみながらも知らないうちに上達していくこともあるだろう。やはり、お師匠さんに就いて指導を受けるのが技能を向上させる最良の方法と思われる。

自分は、この最良の方法を理解しながら、二の章で触れた事情を優先させて、実行していない。これが上達を遅らせている大きな壁になっていることは確実だ。

もう一つ、これは民謡にたいする長年の体験から生まれてきた考え方で、これが、私の江差追分の修業にもっとも障害となっている分厚い壁かも知れない。

いままで、津軽物でも他の民謡でも、歌手のいい唄を何百回も聴いて、いい三味線も何百回も聴いて、真似して、真似して技能を覚えてきた。何十回、何百回と聞いたら、いい加減に覚えてしまう。何千回なんていう唄は、かって経験したことがない。だから、江差追分にしたって、計画的に、自分の場合は一日一〇回、時間と場所を確保して、一年も二年も唄っていれば、必ず唄えるようになる。そういう主義で練習をしてきたが、既に三年の月日が経過した。なのに、現状は進歩が見えなく、基本の形すら習得できていない感が強い。

さあ、これから如何したらよいか、大変な事態になってしまった。再考する必要に迫られている。

五、師匠との別れ

　これからの行く先を考えるとき、誰でも過ぎた日と今を繋いでいる所が起点になってしまうだろう。だから、江差追分の学び方にも影響しているかもしれない。少し過去を振り返ってみる。

私は二八歳で、「藤本琇丈　三味線教室」の教則本（文化譜）をテキストに、テープを聞いて細竿三味線を弾き始めた。六年後の昭和四八年、美唄の秋祭りで、偶然、神社の境内で弾く津軽三味線の音色に魅了されて、門下生に願い出た。津軽三味線名手の名前は西岡尚志。

　待っていたとばかりに、同僚の門下生たちに言い寄られて、会名「美唄声友会」を考えたり、簡単な規約を作ったりしたものだから、ついでにということで創立早々の民謡会の会長にされてしまった。それ以来、私は一般会員の経験をすることなく、会長という肩書を背負う民謡人生を送ることになる。

美唄声友会は、大会の出場権を得るために、すぐに北海道民謡連盟傘下の空知地区民謡連合会（空民連）に加盟した。空民連の行事は、春と秋の大会を開き、北海道大会に出場する選手を選抜することと、一年に二度、資格認定格付け試験を実施することだった。指導者育成と会員の質の向上を図ることを狙いとしているが、格付け認定料で連盟組織の運営資金を捻出する非常に大事な事業だった。

美唄声友会は空民連に加入したと同時に、会長の私は空民連の副議長に推挙された。会則も知らない者が、一挙に空民連約七〇〇会員の副議長となった。総会の席では大師範、師範、準師範、講師、準講師と大ベテランの先生がたと真正面に向き合うので、ひどい緊張をする。早急に信用を得るためにも、空民連の方針には、率先して実践して見せなくてはならない。失敗などしていられない。

役員の任期は一期二年。二期四年目に入った頃か、副議長の仕事に失敗はなかったけれど、声友会で、それも西岡師匠と私の間で、路線上の違いが表面化した出来事があった。

私は初めて空民連の会員名簿を目にした時から気になっていた。しかし、一年、二年は我慢が出来たが、四年目ころになって、ついに本音を吐露してしまった。

私は、声友会会長の立場からも、空民連の方針を確実に所属会員に伝達しなくてはいけない。

「春の資格認定格付け試験を皆さんに受けて欲しいのです。空知の会員名簿を見たらお分かりのように、うちの会で格付け試験を受けているのは私一人です。四年たっても私一人です。空知地区からは、是非、多くの会員に格付け申請をするように言ってきているのです。是非、受けてみてください。今のままだと、空民連や道連盟の方針に従っていないことになるのではないですか？」

いつも煩いほど賑やかな会員も、この時はじっとしていた。わたしの話し方が何時もより感情的だったのかもしれない。

やがて、寡黙な師匠が、重い口を開いた。

「民謡って、唄でも三味線でも資格でするものかい？・・・違うと思うんだよね。大して上手くもない三味線を師範だ、大師範だとか言って、偉そうにして。

資格を取るなって言ってるわけではないのだから、取りたい人は取って、取りたくない人には無理に取れ、取れって言わなくても、今まで通りでいいんじゃないかと思うけどね。俺は取らないよ。なんぼ勧められても、資格で民謡する気はないから・・・。」

津軽のジョッパリめ！　一九歳で浅利みき一行について旅の巡業も経験しているプロ崩れは、素人の民謡の先生方の技能を腹の中で嘲笑しているのだろう。いくら自動車の運転が上手でも無免許で路上運転はできるのか？　感情に走って、そんな理屈を述べたら、もう声友会会長の存在では居られなくなってしまう

「いま、先生が述べられたことも、もっともな面があると思います。私も押し付けるつもりはありません。（本当は、押し付けたかった）ただ、空民連の役員・幹事会で話されたことを、一応、報告させて頂いたということで終わりにしたいと思います。」

その後、何事もなかったように、例会はいつものように和やかに進められた。

しかし、この一件があってから、頻繁に師匠との別れを想像するようになった。

あの津軽のジョッパリが、自分の考えを変える筈はないし、私だって三味線の一修行者として客観的な指導者のお墨付きが欲しいし、組織の中で活動もしたい。

民謡の勉強なら一人でもできる。しかし、民謡活動となると一人では成り立たない。唄い手、お囃子、三味線、尺八、太鼓、どれが欠けても成り立たない。まして組織に加わって活動するとなると、会を構成するだけの会員数が最小限必要になってくる。

いずれ声友会を出なければならない。そんな思いを脳裏に置きながら、何食わぬ顔で師匠や会員たちに接していた。この西岡先生と同志たちを欺きとおしていた二〜三年が、民謡人生で最も居心地の悪い時期であった。

確かに胸の内を語る同僚が居ないことは、かなり孤立感、孤独を感じさせるが、自分の場合は、同僚と稽古場で別れると、直ぐに孤立感が消え失せて、次の出発の感傷に浸ることができた。

この頃には、藤本琇丈の日本歌謡学院の三味線コースを修了して、太棹を抱えて五〇曲以上はテキストを見ないでも弾けるようになっていたし、通信で尺八を勉強している仲間とも巡り合って、すでに二人で毎週土曜日を例会日に決めて、民謡の練習を開始していた。

やがて噂を聞いた仲間が一人、二人と集まってきて、教員ばかりの五人の民謡会が密やかに誕生した。会の名前は私の号を採用して美唄民謡鏡峰（きょうほう）会としてくれた。

この時、まだ私は声友会の会長をしていた。それなのに、脱会を正式に告げると、声友会の皆さんは、笑顔でねぎらいの言葉を沢山盛り込んで盛大な送別会を開いてくれた。

西岡師匠は、「辻さんは将来、空知を背負ってゆく人だから、今後とも堂々と前を見て進んでください。一緒に頑張りましょう！」と、優しく励ましの言葉をかけてくれて、つい感動した私は涙を流してしまった。入門から、あっと言う間の九年間だった。

翌年、昭和五八年から、空知民謡連合会会員名簿に美唄鏡峰会（講師：辻義彦、号：鏡峰、会員一七名）が正式に登板した。民謡会に入って一〇年足らずで独立して、会主として存在をアピールするまでに成長できたのは、あの津軽のジョッパリ師匠が私を喚起させてくれたおかげだろうか。私の民謡師匠は、津軽三味線の西岡尚志、ただ一人、と心に決めた。これも民謡の縁に違いない。

六、美唄ときめき舎

拙著に決まって出てくる「美唄ときめき舎」について少し説明する。

六〇歳の定年退職を機に、平成十一年に創立した私の第二の人生の仕事場です。自宅から徒歩で六〇〇〇歩、時間で五分。ＪＲ美唄駅から歩いても一五分。敷地面積、約一二七坪、平屋。ちょっとした町内会の会館くらいの広さ。費用、二、六〇〇万円。退職金をそっくり充当。

美唄ときめき舎は、中高年の命ある限り無限にある時間（註：退職前は、そう思っていた）を健康な身体と若々しい気持ちを持続させて、いかに人生を楽しむかを工夫するところ。対象者は六十歳以上の方なら誰でも。

その案内役を自分のライフワーク（生涯の仕事）にしたくて建てたもの。

外の大看板、「であい・ふれあい・やすらぎの館　美唄ときめき舎」は創立時からの宣伝文句。舎訓は、「一日十笑一汗十声（いちにち　じっしょう　いっかん　じっせい）」。

私は現職中に地元のレクリエーション協会に加盟していて、レクリエーションインストラクターの資格を取得していた。「いつ、どこでも、だれとでも」が信条で、未知の人とでも心を開いて優しく楽しく接する人格を磨くことを教えられた。

基本の習得事項は、ダンス、ゲーム、ソングの三つの技能。技能といっても技巧的に高度に上達するためのドリルではなくて、ゲームを創ったり、替え歌を創ったり、ある主題歌を他のメロディーで歌って遊ぶとか、みんなが知っているような歌を動作化してみるとか、それはそれで立派なレクダンスとして評価できる。

地元の風景や産物をテーマーにして、カルタ読み札の文句を創作たり、取り札の絵を描いて、カルタ遊びに興ずるのも、立派なレクゲームになる。

私の場合は、三味線を弾けて、民謡を唄える。締め太鼓も叩ける。英語もできるし、少しはピアノも弾ける。民謡踊りも演歌体操も、興味があって何回か創作の経験はある。この好きな特技を生かして退職後の人生を過ごしたい。そんな想いを退職の三・四年前から考えていたが、四〇年近くも働いてきて、やっと手にする退職金を一回の買い物で自分のためだけに使いきっていいものか、どうかも考え悩んだ。

そのころ、お袋は札幌の高齢者施設に入っていて、見舞いに行ったら、「お前のやることは漫画だ。」と、呆れて叱られたことがあった。

中学二年生のとき、親父が亡くなって、その後、お袋が日雇いをしながら育てた息子が、退職金という初めて手にする大金を夢にかけて消費する経済観念の希薄さに、悲しい怒りが込み上げたのだろう。

そんなことがあって、自分の夢を実現するには、やはり、それなりに躊躇するものがあった。苦悩が災いして、後頭部に直径五センチほどの神経性脱毛症が二つもできてしまったこともあった。

いつだったか忘れたが、ふとした拍子に北海道の「開道一〇〇年スローガン」が想い出された。タイトルは、確か「拓け行く大地」。サブタイトルは、「一歩、前に出る勇気があれば、きっと何かがはじまる」。文字の配置はわからないが、こんな意味だった。

「一歩、前に出る勇気があれば、きっと何かがはじまる」、この副題が北海道から自分に投げかけられているメッセージのような気がして、すっかり勇気づいてしまった。もう実践あるのみ。すごい味方を得た気持ちになって、第二の人生を特設しようと「美唄ときめき舎」の創設に踏み切った。

現職中に学校教育法・地方公務員法・労働基準法等に縛られ、教員仲間や父母に気を使っていた生活から、約四〇年ぶりに解放されて得た自由は、足が地に着けないほどの大きな喜びだった。

これからの第二の人生は、誰からの許可も指示も受けないで、自分の思うままに計画して行動することができる。美唄ときめき舎は、そうした私の夢の殿堂であり実践場なのだ。

しかし、営業開始して間もなく、来客は決して計画どおりに来てくれないことを悟った。もし、この事業で生計を立てる算段だったら、三か月もしないうちに、美唄から姿を消さなければならなかった。負け惜しみのようだが、この美唄ときめき舎は、自分と趣味を共有する来客と、人生の楽しみを目指すのが目的だから、来客が少数だからと、ソロバン勘定をすることはないのだ。

開業当初は世間の目を気にして、来客がないときは、さも賑やかそうにテープの音量を上げたり、何かしら音を発信する演出を繰り返したりした。何日かして、美唄ときめき舎に見栄は不要と悟って、無駄な演出は止めることにした。

何年か後に廃業するとき、もし幾らかででも売却できれば、それに越したことはないが、人口減少の大きい美唄で、それを期待するのも無理な話と、とっくに覚悟を決めてしまった。だから、とにかく私の夢に協調してくれる客が来てほしいと願うばかりだった。
何か月かして、週に一度ずつ来るのが常連客で、「ハッピーさん」と勝手に考えるようになって、やっと気を落ち着けて、趣味の業務に専念できるようになった。

それから九年、江差追分四級で「保留」止まりになっていた平成二十年頃の生活をのぞいてみよう。

◆毎日の業務。
・朝九時：出舎。室内清掃。追分練習（一〇回：約四〇分）。業務日誌記入（日付：天候：温度）。
・業務（一〇時～四時）。業務日誌記入点検（出来事：購入品：来客）。清掃（ホール：トイレ）。
・ときめき舎日記（その日の喜怒哀楽を自由に綴る）

◆一週間の業務予定
月曜日：ハッピーさん：四人（一〇時～一六時）
：三味線指導：二人（一七時～一九時）
火曜日：空知理容美容高等専門学校講師（英会話：理容美容文化論）（一三時～一五時）

水曜日：ハッピーさん：六人（一〇時～一六時）

：鏡峰会例会：一二人（一八時～二〇時）

木曜日：金曜日：土曜日（フリー）

・ダンス・ゲーム・ソングの教材研究

・理美高の英会話・文化論の教材研究

・三味線：民謡、新曲の稽古

・執筆・出版作業

その他、会議等は除外しても、全日行事だけでも、北海道民謡連盟関係では、まず空知地区で年次総会・大会二回と道連盟で新年次総会・全道大会三回（道新杯大会以外は前日からのバスと宿泊が伴うのでプラス二日）で最小六日。日民（公益財団法人日本民謡協会）関係では、連合大会・地区大会・全国大会（五泊六日）、合わせて最小八日。江差追分関係。全国大会道北予選・各期セミナー（四泊五日）、師匠会研修に出ると（五泊六日）・全国大会（四泊五日）・秋季セミナー（四泊五日）、合わせて最小一六日。年間総合出張数：計三〇日。正確な計算とは断定できないが、一年一二か月の一二分の一は泊りがけで出歩いていることになる。

書き出してみると、予想以上に多忙な生活になっているが、好きでやっているからだろう、少しも苦に感じない。

◆収入（運営資金）で言うと、ハッピーさんの遊興料は一日五〇〇円。平均すると週に八人（四、〇〇〇円）くらいだから、一か月四週として、一六、〇〇〇円。理美高の講師料は、一時間三、〇〇〇円。一週二時間で六、〇〇〇円。四週として一か月、二四、〇〇〇円。民謡は月謝で、唄三、〇〇〇円の一二人で三六、〇〇〇円。三味線五、〇〇〇円の二人で一〇、〇〇〇円。これが美唄ときめき舎の一か月の総収入。合計で約八六、〇〇〇円。

◆支出（運営費）は、電気、光熱、ガス、水道、教材、その他、年間の家屋・不動産・車税・除雪費等、合わせても、平均すると一か月のときめき舎の収入で間に合うので、自分の小遣いを流用するようなことはない。だから自分では、美唄ときめき舎を、趣味と実益と言う程ではないが、上手に健全経営でやっていると思っている。

ところで、江差追分の上達状況は順調ですかと質問されたら、急に口を噤んで下を向いてしまう。

戯れ書き

☆　1声・2節・3は味 <その1>

唄の大会などで、審査員の講評の中で何度か耳にしたことがある。

点数を競うのが大会だから、唄い手の声のいい順に高い得点が取得できるという意味合いだろう。

これには天性の悪声の自分は、流石に自信を失くしてしまった。声が悪い、高音が出せないでは、唄う気力さえ喪失してしまう。ところが、大先生曰く、「話し声と唄の声とは全く違う。唄の上手い人とお話したことないかい？　青坂先生の話し声を聞いたことあるかい？　びっくりするほどいい声かい？　練習することによって、いい唄の声になってくるものなの。頑張ってごらん。」

私は半信半疑で頑張っています。全部、信用しないで、御免なさい。

七、初めての師匠研修会

毎日、追分を口ずさんではいるが、上達の尺度が見つからない。依然として、納得した練習法を見いだせないまま、日数だけは節理通りに歩みを続けている。

◆翌、平成二十一年(二〇〇九年)二月の追分セミナーでも「保留」。四月、二冊目の新書出版。「中高年のときめき人生―格言はこうしてできる」(文芸社)が、初めて書店に並べられて、少し有頂天になって、追分の練習が疎かになった。友人、知人、民謡仲間に宣伝パンフを作って郵送したりして、宣伝、販売にかなり時間を割いた。

そんな浮足立った状況で、十一月の秋季セミナー、当然の結果、「保留」になる。やむなく、四級残留の感を噛みしめながら

◆平成二十二年(二〇一〇年)を迎えることになる。

新年度目標は、①㈶日民創立六十周年・財団認可四十五周年記念大会に道連連合委員長に代わって出演 ②江差追分「四級秀」を取得 ③パソコンの習得 ④韓国語の習得、となっている。覚えなければならないことが多すぎるが、江差追分は絶対に除外視できな

い。

追分会に入門して、五年目になる。歌唱回数は一月末で一三、〇〇〇回を記録している。今年こそは、雑事に振り回されないで何としても「四級秀」のお墨付けを取得しなくてはいけない。

二月一十七日、セミナー受講のため、またまた江差町へ。

深川から美唄まで車で約一時間、美唄から江差までは約六時間。この度は滝本豊壽、山田都子雄・辻の三人きり。何となく寂しいが、深川の二人は相変わらず元気溌剌、やる気満々で、明るい。自分も酒の力を借りて元気なふりをする。やっぱり深川追分会の先輩たちは巧い。高くて、いい声がでる。滝本師匠が「じゃ、今度、八寸にしてみてくれ」と、CDのキーを変更させて、高くて・細くて・透き通るような声で唄って、楽しんでいる。

羨ましい限りだが、どうにも対抗しきれない。ともかく、頭の中は「四級秀」を取得することばかり。

残念だが、このセミナーでも辻、山田は昇級できなかった。試験が終わった土曜日、直ぐにも家路に就きたかったが、翌日の師匠研修会に滝本師匠が出席するので、午後四時の終了まで待たなければならない。


取り残された悔しさを噛みしめて、山田さんと辻は、時間つぶしに寒い街をぶらつくことにした。或る処で、車の往来が意外に多い建物に気付いて、お誂え向きと好奇心も手伝って寄ってみた。なんと冬季食の祭典、「江差　美味百菜　ナベ祭り」の開催直前だった。

小学校の体育館のような広い屋内で、壁に大小色とりどりの大漁旗や掲示物が貼られていて、団体ごとの出店の造りからは暖かい湯気が立ち昇っていて、海産物が多種多彩、数えられないほど並べられている。どれでも一皿三〇〇円。安いのに、びっくり。注文すると即、調理して熱々の料理を提供してくれるから、厳寒期の最高の食の祭典。

何を食べようかなと楽しんで巡回していると、

「あれ、辻旅館のお客さん」と声をかけられた。「これで何か食べて」と食券三枚綴りになったカードを山田さんと私に一枚ずつプレゼントしてくれた。名前は憶えていなかったが、辻旅館で賄いの手伝いしているのを二、三度、見たことがあった。

この「美味　百菜ナベ祭り」の会場に辿り着いただけでも満足気味だったのに、江差の女性から言葉をかけられて、食券まで戴けたとは、師匠会研修会に無彩顔で受講している滝本師匠を思い出して、さっきの悔しい寂しさが消えていくようだった。

後で知ったが、彼女は辻旅館の女将の妹で、忙しい時にだけ賄いの手伝い来ているという話だった。次回、お会いした時は何か返礼をと思っていたが、再会できないまま今に至っている。このこととは関係ないが、ともあれ、次回こそは絶対に「四級秀」を取得してやると決意したのは、山田さんだって同じだろう。

美唄に戻って、私は日課として江差追分、「道南ナット節」、パソコン、韓国語の練習を欠かさず繰り返した。

日民の創立六十周年・財団認可四十五周年記念行事の参加は、初めてのことで、何かにつけ大変だった。

まず、自分が唄う「道南ナット節」の伴奏者、三味線・尺八・太鼓・お囃子の四人を選別しなくてはならない。東京で探せる筈はないから地元で見つけなくてはならない。

さらに、宿泊のプリンスホテルも、やっと探し当てたのに、伴奏者の分も持たねばならないのか。それに、空港券代金も自分も含めて五人分？　帝国ホテルでの記念式典祝賀会の費用は？　記念大会場：ＮＨＫホールの入場要領は？　練習は、いつ、どこで？

田中道連連合委員長に頼まれて、副委員長だからと責任を感じて、大会プログラム「連合委員長の唄声」に出演をＯＫしたが、後悔してしまった。

どう考えても自分の力で解決できる問題ではない。本来の自分の責任範囲のことなら最もらしい理由があったら断ることもできたが、ここで断っては真面に田中委員長に責任回避の非難が集中する。

考えあぐねた末に思い浮かんだのが、同じく空民連の役員をしていて、北海道民謡連盟の唄の審査員や指導委員長をしていた山本ナツ子先生。恥を忍んで、電話で実情を訴えたら、いとも簡単に、「ちょっと訊いてみるから待っていて。」と、話は急速に進んで、解決してくれた。

六月二十七日、ＮＨＫホールの舞台。唄「道南ナット節」。三味線・佐藤勇一（現、北海道地区委員長）、尺八（日民専属伴奏者）、太鼓・卯子沢裕美（日本民謡フェスティバル・グランプリ）、お囃子・山本ナツ子（民謡名人）、丹保裕子（道連盟審査員）。文字どおりプロと素人のコラボで、緊張した割には、生涯で一番いい「道南ナット節」になった。ナツ子先生はじめ、皆さんには本当にお世話をかけた。佐藤勇一師匠にご祝儀を渡そうとしたら、「要らないよ。仲間でしょう。」と、受け取らなかったのも、いい印象で残っている。

東京出張で追分を唄わなかった日は六日だが、気持ちの上では江差追分から随分遠ざかってしまった感がある。

大至急、平常の気持ちと練習スタイルに戻さなくてはならない。そう思いながら、翌々月には、まだ海外旅行の経験がないという民謡ファンの二人の女性を、韓国に案内する予定になっていた。

前年、独学で学習していた韓国語を試したくて、一人で韓国へ行って、楽しかった話をしたのが縁で、連れて行ってと懇願されて、やむなく今年も行くことになってしまった。この件でも追分練習を七日ほど休止してしまった。

九月十七日、またも、江差追分全国大会に三泊四日の予定で出発。大会二日目の金曜日、「江差追分会館で格付け審査やってるから受けに行くぞ。辻さんのも申し込んであるから。」

大会の最中に、滝本師匠に言われて、突然のことびっくりした。大会プログラムの深川会員の出番がない合間を見て、格付け審査を受けて、すぐ又、大会会場に戻ってくると言うのだ。有り難いが、なんとも忙しい。それに早朝から大会場に来て、小声で周りの観客と会話を交わす程度で、選手になっていない自分は全く発声訓練をしていない。セミナーで江差の講師に教わった後でさえ、いざ審査となると平常どおりにいかないものを、今の状態では全く昇級は望むすべもない。この六度目の挑戦。結果は予想どおり、辻「保留」・山田も「保留」。この時の全国大会で滝本豊壽は華々しく準優勝を果たした。

それに引き換え、辻・山田は依然として四級に縋り付いている。合間を見つけては、練習に邁進している心づもりでいるが、少しも進歩が見えないのは、如何したことか。

来月十月も日民全国大会で五泊六日、東京出張で美唄を留守にしなければならない。芸の修行に時間が無いは、言い訳どころか、本気でやる気がないことを証明しているようなものだ。必要なのは時間ではなく真剣さだ。自分で自分を叱責するが、進歩が見えない。

山田さんは自分より、一、二年先に四級を取得しているから、私と同じ四級秀に挑戦しているのは、かなりな苦痛に違いない。だからって、今までの彼に真剣さが不足していると言えるだろうか？彼はまだ現職中にある。毎年の全国大会やセミナーに参加するのに、会社の上司に頭を下げて年次休暇を取って、それなりの費用を懸けて、江差に来ている。年に一度ならず二度も、三日も四日も職場を空けるということは、普段から周りの方々にどれほど気配りをしなければならないか。自分も六〇歳前には勤め人だったから、一日でも職場を空けることが、どれほど周りの仲間に迷惑を及ぼすかは嫌というほど理解できる

何日か後に、札幌の道連盟本部で理事会があった。その時、畠山清さん（道連盟副会長）に、「また、追分の資格審査「保留」になってしまった。」と個人話をしたら、「日胆でも格付け審査会をやるよ。そんなに失望していないで、白老まで、遠いけど来て、受けてみたら？」

話は、してみるものだ。十一月二八日の日曜日。山田さんは深川を早朝六時に出て、美唄に寄って、私と二人で審査会場の白老町萩野公民館へ向かった。

二人とも思うところがあって、いつもより口数が少ない。それに、昨日、自分は名人たちの追分になぞって声を出しすぎて、喉の調子が今一よくない。九時から講習があって、一〇時半から格付け審査が始まるのだよね。白老も萩野という所も行ったことがないから、

うまく時間に間に合うように行ければいいけどね。

いつも江差に行くとき、車内で声を張り上げて練習していくのに、この時は、互いに一度きりの声出し練習で終わった。お互いの追分を、当たり障りなく、それでいいんじゃない、と言い合うだけだった。

受付が始まった。道北地区の会員が日胆地区の審査会に越境受験するので、それなりの緊張はあったが、畠山さんが激励の声をかけてくれたので、かなり気持ちは解けた。受付の順が出番の順になるという説明があった。帰る時刻を考慮して、早めの一〇番代に申し込みをした。

畠山さんが尺八をつけてくれた。山田さんは二尺三寸、自分は、この日は二尺六寸。ソイ掛けは二人交互にすることにしたが、畠山さんは私の二尺六寸の低さに、吃驚していた。「少し、早めに唄ったほうがいいよ。」と言ってくれたのが記憶にのこっている。

ついに出番が来て、緊張もピークになったが、二人とも特別な失敗もなく、ホッとして結果を待つことになった。審査結果は放送しないで、審査順が一〇人ほど進行したら受付に結果が届くという仕組みだった。

一〇人の進行が終えたら、山田さんが小さな声で、「一〇人、終わったよ。どうする?」

結果を見に行かないのかい？とは言わなかったが、問いかけてきた。私は、何時もより声が低かったし、唄もいつもより良かったとは思えなかったので、とうに昇級は諦めていた。「山田さん、見て来て。俺は、もう決まっているから」と、弱音を吐くと「よし。行ってくる。」と言って、座席を離れていった。まもなく戻ってくると、私の腕を取って、座席から離れさせて、耳元で、「受かっている。二人とも、受かっている。」と、言った。

信じられないでいる私を、受付に連れて行って、合否判定の欄を指さした。泣く思いをして待ち望んだ四級秀、「合格」の文字が、辻・山田と並んではっきり記入されている。そそくさと帰る支度。公道に出るや、山田さんは好い表情で前方を眺めるようにして、「ここまで（四級秀）まで来られたのは、辻さんのお陰だね。感謝だね、本当に。」

私が山田さんに抱いた感情と全く同じ言葉が聞こえてきて、「俺の方さ、山田さんのお陰で、ついに四級秀に成れた。山田さんと一緒でなかったら、まだ四級留まりだったかもしれない。感謝は俺の方だって。」

その後の帰路は、運転する山田さんへの気遣いもそっちのけで、一人でアルコールと追分のうたい放題で車中を賑やかにしたことだったろう。越境受検までして手にした「四級秀」のお墨付き、満七〇歳を過ぎても、これほど感激できるとは。それに、年度目標の「江差追分四級秀の取得」が、年末に近い今になって、ぎりぎり達成できたのも嬉しかった。さあ、次回からは最後の「三級」に挑戦だ。

二〇一一年（平成二十三年）は、例年より希望に満ちた幕開けになった。二月の江差追分セミナーが、明日にでも迫っているような気迫で連日を迎えていた。

深川からは石崎忠雄と山田都子雄だけだった。我々が取り留めない世間話をして笑ったり、大声で怒りを露わにしたりしても、石崎さんは相槌を打つている程度で、穏やかに二人を見守っている感じがした。私より二つ年下なのに格段の風格がある。格付け二級の有資格者ともなると自ずと風格が備わってくるのだろうか。我々二人も四級秀になって、態度に何らかの変化が現れたのだろうか。それが、セミナーを受講してみて、分かったような気がしてきた。

受講中、四級の時より確実に落ち着いて聞けて、講師先生の説明が理解できている気がした。同室に自分より下級の受講生の方が多く混じっていて、自分もそんな時代があったと、少し心の隅に優越感のような誇りが産まれている気がする。

ともあれ、私の審査結果は「保留」。困ったことに四級取得以降、「保留」は恐怖の対象でも何でもなく、常習になってしまった。今回なんかは「保留が当然」と思いながら審査を受けてしまった。

一方の山田さんは、まさかの三級「合格」。あの十一月末の四級秀の合格から三か月足らずで、しかも一度目の審査で三級昇格。快挙中の快挙。四級から四級秀までの五年間の厳しい修業は、なんと歴然と成果を蓄えていたのだ。

「三級」の免許状を手にした山田さんが帰り道、「海にでも飛び込めるな！」と興奮して口走ったのを聞いたとき、私に複雑な感動が伝わってきて、「本当に、よかったよね。」と言うのが精一杯だった。何故って、「保留」が常習になっているとは言え、相棒に置いてきぼりにされたショックと淋しさで内心が打ち拉がれていたからだった。

翌日は師匠研修会の開催日。誰かが、四級秀から師匠研修会に出席できることになっている。事前に申し込みしていなくても、当日でも許可してくれる筈だから、行ってみてごらん、と言ってくれた。

山田さんは大張り切りで、「一緒に行こうよ」と私を誘った。無理もない、彼は正真正銘の三級なのだ。

研修会会場はホテルニューえさし。開催時刻よりかなり早くに一階フロントの受付に行き、理由を話すと、すんなりＯＫ。参加料を払ったら薄水色の名刺大の「師匠研修会参加カード」を手渡してくれた。受付の方にとっては領収書替わりかも知れないが、私は師匠研修会の文字を見て、「やっと手に入れた師匠会参加資格」、感動で身体が熱くなったのを忘れることはできない。

指定された教室は、講師・準講師・二級取得者を対象としたクラス。研修内容は初心者への指導方法となっていて、かなり怖気ついてしまった。自分だって、まだ全然初心者の域を脱していない。三か月前まで、四級秀を取れずに泣いていた人間。教えるなんて、どの面下げてと思えてしまう。

やがて、こちとらの気持ちに関係なく時刻と同時に研修は開催された。

副会長さんだったか講師先生だったか、さだかではないが、曰く、「追分のモデル曲のテープを順順に流しますから、テープを聴いた後で、何処がまずくて・何処がよかったか、自分なら、如何唄って・如何指導するかを、順に皆さんの前に出てきて実演してもらいます。」

冗談言っちゃあ困ります、と口には出さなかったが、顔色が蒼くなっていたかもしれない。自分の追分に全く確信をもっていないのに、他人様の追分を批判して、唄い正すなんてことは、金輪際考えたこともない。しかし、現実にこの場に居る以上は、恥さらしと思われようが、「判りませんでした」の一言は言わなければならないだろう。メモ用に江差追分基本譜のプリントは持たされてはいるけど、モデル曲のどの唄も自分より上手く唄えていて、指摘する箇所が見つからない。間もなく自分に順番が回ってくる。

絶体絶命。もう逃げられない。自分はいま指導者の立場なのだ。生徒の唄を採点しなくてはならないとしたら、採点しない訳にはいかないだろう。と、すれば、前の研修生の方々の真似をするしかない。出だし・節度・のし・もみ・本すくり・すくい・半すくり・止め、の八つの基本型のどれか、気になった型を取り上げて、自分なりに講釈するしかないだろう。

私は、具体的に何節の何処とは言えなかったので、曖昧に「もみ」が回転されていなかったり、数が不足している処があったと説明した。講師は、それに相槌を打ってくれて、

「他に気が付いた人？」と研修生たちに聞き返した。応答が無いのを確認すると、

「全体的にはよかったと思うけど、モミね。七節とも、すべての節の「止め」のモミが弱くて終わりまで聴き取れなかった感が・・・。辻さん、一節だけ、唄ってみてください。」

忘れていなかったのか。私の追分は、ひどいものだったけど、講師先生は、「はい。どうも、ご苦労様でした。」と丁重に扱ってくれた。これで、やっと出番は終えた。その後は、恐怖心も消えて、過去の反省・後悔が幾度も頭を横切ったが、研修にはどっぷり専心できた。

教えることは、教えられることより勉強になることも、あらためて実感として把握できた。今まで江差追分を聴いて・覚えて唄う方法を続けてきた。これは受動的な練習方法だった。これから指導者という立場で唄うとなると、教育原理や教育心理の学習は抜きにしても、基本の型に・こういう発声の仕方をするから・こういう唄になると、理屈と実践の理論・セオリー（学説）を身に付けることが絶対条件になってくる。

教えることは、責任が伴うから、受け身で聴いて覚えるのとは、真剣みが違ってくる。早い話、七つの基本形を一つ一つ、唄って説明できなくては、江差追分の資格を持った指

導者とは言えない。

初の師匠研修会、江差追分の視野を広げてくれて、かなり収穫が多かったことを実感した。

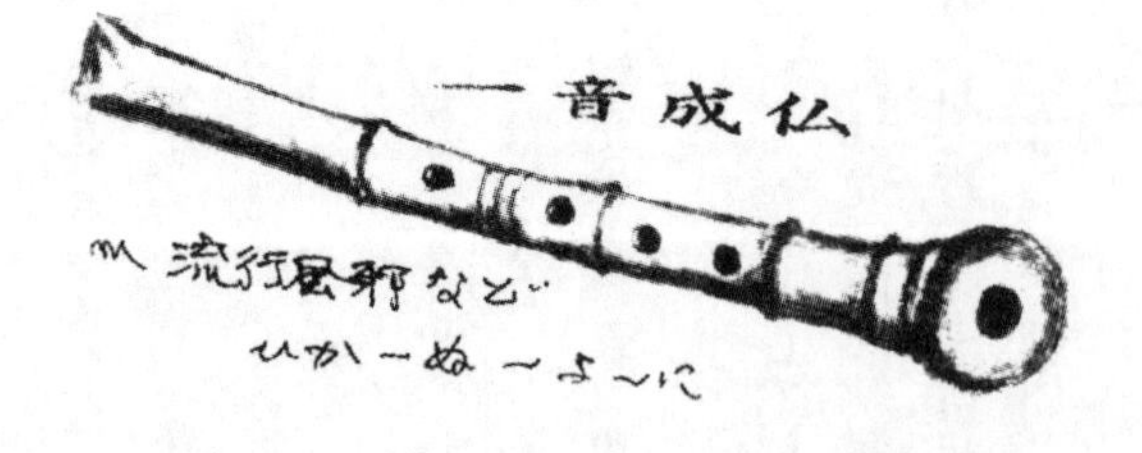

八、姉の介護施設

江差から戻って、追分を理屈っぽく聴くようになったが、まだ満足のいく練習法は見いだせないでいた。そんな心境のまま翌週の日曜日、札幌全日空ホテル（現、ＡＮＡクラウンプラザホテル）で道連盟の定期総会があって、私は議長に推挙された。四年前に理事に推挙されたときも、予想外の喜びと緊張を味わったが、今回の議長職は連盟の三役に該当するもので、理事会や定期総会を統括する、三権分立で言えば立法府の長の職責なのだ。じっとりと汗ばむほどの緊張を感じた。

一方で、江差追分も碌に唄えないで、恐れ多くも北海道民謡連盟議長なんて偉そうな役職を背負って大丈夫か、という呟きも脳髄の奥から聞こえたりしている。それが、寧ろ自分は江差追分に救われていると考えるようにしてくれた。

もし、江差追分に関わっていなかったら、自分は道連盟の議長だと己惚れて、生意気、傲慢になっていたかもしれない。江差追分は、お人好しで煽てに乗って慢心になりやすい自分を制御してくれる役目をしている、と思えるようになった。

そんな折、室蘭市の河村彰蘭という尺八の先生から「江差追分節（本唄）伴奏集」という自作のＣＤが送られてきた。

内容は、一尺五寸から順に一寸刻みでキーを下げて二尺六寸まで、全部で一二曲の本唄伴奏が収録されている。本場の江差でも入手できなくて、何年も前から待ち望んでいたものだった。忘れていたが、私の練習法の大きな欠点が、もう一つあったことに気がついた。それは、尺八伴奏の付かないまま、アカペラ（無伴奏）で、唄っていたことだった。それで三級に挑戦するのは、無知なるが故の怖いもの知らず。かなり無謀な冒険をしていたと、今になって思えてしまった。


尺八伴奏のＣＤを手にして、私の追分練習法は一変した。

今までの「なぞり歌唱法」から、「①ＣＤの伴奏に合わせて、唄って録音する、②録音された唄を視聴する、③それを毎回、五回繰り返す」という「歌唱（録音）～反復練習法」に変わった。

それからの練習は、今までと気分が違った。唄の高さを二尺六寸から始めて、この高さ

を

をクリアできたら、次に高さのランク一つ上の二尺五寸に挑戦するという、唄の巧拙と同時に高さへの挑戦という目標が一つ加わった。

その頃、気持ちの張り切りように逆らうように、胸が苦しくなって夜間に目が覚めることが多くなっていることに気づいた。異常を感じて、近くの病院に行ったら、三回目にもなって、うちでは一寸、と手に負えない雰囲気で、隣町の市立病院に行くことになった。行ったら即、循環器科に回されて、心臓カテーテル検査のため入院承諾書を書く破目になってしまった。一週間後に検査入院です。三日もすれば退院できますから心配はいりませんよ。

そうは言っても、自分の町で余されて、この病院に来て、即、心臓を調べるとなると、若しものことも考えてしまう。不安な日は続いたが、検査の結果は、医者の予告どおり三日で退院できた。そのまた一週間後に病院に呼び出され、経過はよく理解できていないが、服用薬結果診断の入院日打ち合わせ、という話。

そして、一週間後、心臓形成（右・鼠経）手術。妻が宿泊看病をしている。

心臓の近くの血管が細くなっている（酸素の流れが不足して、息苦しくなる）ので、血液の流れをよくするために血液の太さに見合ったステンド（バネ状のワイヤーのようなもの）を細くなった血管の部分に入れる手術らしかった。

午前一〇時に開始して五〇分後に手術は終了した。それが、夕方六時になっても右脚付け根の出血が止まらないで、固定帯（ストッキング）の取り外しができない。それで医者の手術結果報告が、明日に持ち越しになったのを妙に記憶している。退院は六月二十九日。殆ど六月は病院往復の月だった。

翌日、ときめき舎で書類整理を終えて、月末統計作業をしていると、札幌の直ぐ上の姉から電話があった。数年前に夫を亡くして独り暮らしになった辻家の長女、私より一四歳上が、食事もとらないで異常な様子になっているから直ぐ来てほしい、と言う。私は姉妹たちに、入退院したことを知らせていない。

「今、直ぐ？」

「早いほうがいいけど。都合がつかなかったら今でなくても、明日でも、明後日でも。私は毎日、様子見に行っているから・・・」緊迫の様子が伝わってくる。

翌日は、市長選挙の期日前投票管理者の任に当たっているので、これは絶対に欠席できない。

「明後日の日曜日（七月三日）では、どうだい？」

どうやら、病人気分で居られる状況ではないようだ。明後日の日曜日、札幌地下鉄真駒内駅前、午前一〇時三〇分に集まることにした。

当日、長女の一大事ということで札幌在住の次女と集合をかけた直ぐの姉と妹と、男の自分を含めて辻一族五人全員が顔を揃えた。

長女の家は地下鉄真駒内駅から徒歩でも行けそうな柏ケ丘の路線バスの道路沿いに在った。タクシーを降りた私たちは、石段を七つも上がって、玄関に声をかけたが、返事がない。直ぐの姉が居間の窓ガラスを叩いて、声をかけたが、やはり返事がない。急に不安になってきた。

「大丈夫でしょう。毎回、こんなものだから。自分からは出てこないから。仕方ないから、入っちゃおう！」

直姉が四日前に特注した合いカギを不慣れな手つきで捜査して、やっと長女の家に押し入ることができた。

夫が居た頃は、居間には豪華な駱駝皮の三点セットが整然と置かれていて、片隅には丸形の背が高くて炎が透けて見える粋な北欧風の薪ストーブがあって、照明は明るく、いかにも幸せに溢れている家庭の印象があった。

それが、今は、カーテンをしたまま無灯火で、昼間なのに部屋をうす暗くして、居間の二つのベッドには衣類が散乱して、湿っぽくて、不潔感が充満していた。

次女が真っ先に話しかけたが無反応。みんなで、寝たままになっている長女を起こして、窓を開けたり、散乱している衣類等をまとめたり、ゴミにまとめたり、水を流したりした。妹が長女の伸び放題になっている頭髪を理容用ハサミで切りそろえていた。長女は朦朧としていて、妹たちが来ているのに、喜々の表情も表わさない。話しかけても反応がない。生命力が消滅してしまっているようだ。

この様子では、野垂れ死に寸前だっただろう。お袋が他界して、まだ四年しか経っていないというのに。直姉が気遣って見回ってくれたから発見できたものを。その先を想像しただけで身震いがしてくる。

今日、日曜日で駄目なら、明日にでも入院させなくてはならない。

長女もそうだが、直姉も妹も元は看護婦だった。この症状は長期入院を必要とする病状ではないと分かるらしい。退院しても一人での生活はもう無理だから、どこかの老人ホームに入居させる方法しかないのではないか。

話し合いの結果、まず近くの病院に入院させる。その間に、老人ホームを探して、退院と同時に老人ホームに入居させる。柏ケ丘の自宅に、七段の石段を自力で出入りすることはもう無理と判断した。

三日後に、妹より直姉と二人で長女を真駒内にあるT病院の精神神経科に入院させたと、FAXが届いた。

その数日後、直姉と妹と三人でT病院を訪問した。ベッドの横には携帯用の便器が置かれてあって、一人部屋でもないのに、プライドに傷つくだろうなと憐れを感じた。

また、数日後、再び三人。札幌家庭裁判所、後見人センターを訪問して、相談をしてみたが、内容が専門的で複雑で、他人との交流を異常に嫌がる長女の性格には不向きだと考えて、後見人制度の利用については諦めざるを得なかった。

八月十一日㈪別件で出張ついでにT病院を見舞う。長女の表情もよく、それなりに会話も出来た。両手足の爪が数ミリにも伸びているのに羞恥心も消え失せたのか、全く頓着ない様子。病院から爪切りを借りて切ったが、左右の足の親指の爪が頑固で上手く切れなかった。

翌日、妹からFAXがあり、病院の長女を見舞ったら、私に爪を切ってもらった話をしたとか。認知症二級でも、記憶や情報伝達能力はあるようで嬉しかった。

それから何日かして、直姉から電話があった。老人ホームの件だけど、札幌の豊平区にある介護付き有料老人ホーム、温泉付きなんだって。Yさん（妹の夫）が去年まで、このホームの担当医をしていたから介護・医療・福祉は保証できるって。同じ市内で、豊平の月寒中央なら皆の家からも近いし、見舞いに行きやすくて良いと思うけど、如何だい？

如何も何も、皆が良いなら、それに越したことはないよ。話、勧めてくれよ。

間もなく、長女、退院、引っ越し。それでも直姉が説得に説得を重ねて、やっと老人ホームに仮入居させることができたとか。

平成二十三年九月二十九日。辻家の長女、豊平区月寒にある介護付き老人ホームに正式入居。辻義彦、身元引受人として署名。

これ以後、このホームの暮らしが快適なのか、それとも忘れてしまったのか、姉は柏ケ丘の自宅へ帰りたいと駄々を言わなくなったとか。

どうやら、姉の介護付き有料老人ホーム入居の一件、落着と言ってもいいのかもしれない。

戯れ書き

☆　1声・2節・3は味 <その2>

節（ふし）の意味は、音符や楽譜に対して忠実に唄うこと。音程を外さないで正確に唄うことと理解できる。

3つ目の味（あじ）については、意味は分かるけど、実際に如何するのだと問われたら、かなり曖昧な答えになってしまう。

唄には、どの曲にも、その唄なりの曲想、モチーフとなる喜怒哀楽の感情が込められていると思う。その切々たる気持ちを唄い手が、どう表現するかということではないだろうか。

ここが、審査員の好みによって得点に差が出る処だと思う。外来が変なことを言って御免なさい。

九、新たなる挑戦

平成二十三年は、まともに多忙を極めた年だった。自分の循環器の入院二回、姉の入院、老人ホーム施設入居の世話と、どれも放置できない用事ばかりで、江差追分、韓国語、パソコン、執筆等の個人課題が如何しても後回しになってしまう。追い打ちをかけるように、更に新しい行事まで加わった。

松木友一さんの主催する第一回「石狩追分:浜益道中唄全国大会」が、八月二八日に石狩市花川北コミュニテイセンターで開催される。三度も美唄に来てくれて、美唄の会員や私に、直接、唄や三味線を教えてくれたのだ。開催案内には、二つの唄の歌詞と楽譜を付けて、会場までの地図まで載せて届けてくれているのに、私個人の都合で参加できないとは、とても言えない。当日、出演者七人と賛助会員二人を連れて、車二台で会場へ駆けつけた。私の覚えたばかりの三味線伴奏で、私が唄うときは門下生の一人が三味線を弾いて、入賞者は出なかったけれど松木さんへの義理は少し返せた気がした。ある有名人から、あんたの門下生、三味線うまいね、と言われて自分のことのように嬉しかった。

九月になった。第四九回江差追分全国大会。同行した深川追分会の滝本豊壽が、ついに待望の全国優勝の快挙を成し遂げた。

民謡の仲間としても、江差追分の仲間としても、ましてや深川江差追分会の仲間として、本人ならずとも有頂天になってしまう。日本一。大天才でもない限り二度と体験できる喜びではない。

「おめでとう！」だけは、何度でも言わせてもらおう。

その一週間後の二十三日には、札幌の久保田隆洲の「江差追分正師匠」就任祝賀会が開催される。こちとら四級秀では、出席するのに肩身が狭くて嫌だけど、丁重な案内状が届いているのに、無為にするのは失礼に当たる。祝いの一言も添えて、返答しなければならない。道連盟の理事時代、空知（新十津川）出身ということで、酒席で、「おい、兄弟！」なんて先輩ぶって馴れ馴れしく呼んだりしていたが、これからは少し距離を置くようにしなければならない。

それは、さて置き、行事に受け身になっている現状を早々に脱却しなければならない。心機一転、出直しのつもりで江差追分の初歩から知識と技能の習得に邁進する覚悟が必要だ。

♫　大島小島の　間通る船は　ヤンサノエー
　　江差がよいか　なつかしや
　　北山おろしで　行く先　くもるネ
　　面舵たのむよ　船頭さん

江差で記念に買ってきた暖簾の文句を読み返してみる。江差追分会館から大島・小島が見えただろうか。確かめてもいなかった。

思うに、江差の街から沖を眺めて、先刻まで穏やかだった空が暗くなりだして、北山下ろしの風が不気味に出てきたのだろう。

船頭さん、船首を上手に右に回して、どうぞ、ご無事で目当ての港に着いておくれ、という内容になるのだろうか。

大島（正式には渡島大島）は松前町の西方約六〇キロ沖の日本海に浮かぶ日本最大の無人島で、海鳥の繁殖地として国の天然記念物に指定されている。ある冒険家が、上昇気流に乗って飛行していると、カモメたちが並走してきて、まるで鳥になった気分になるとも記してあった。つい自分も行ってみたくなる。

小島（正式には松前小島）は、松前町沖、二三キロにある無人の火山島で国の天然記念物。クロマグロやイカの好漁場として知られる。

「ヤンサノエー」は唄い手が唄う歌詞なのだろうけど、言葉の解説は私の電子辞典「EX－word」にも大辞林にも載っていない。新民謡以外の民謡は、何年もの歳月を経て名も無き大衆によって自然と唄い継がれてきたものだろうから、実存していることに意味がある。だから、歌詞に理解しがたい言葉があったとしても、現代的な見地から苦言を言うのは、愚かしい行為に違いない。

「おらが在所へ　来てみやしゃんせ　・・」のごとく民謡の歌詞は、殆どがご当地自慢で唄われてきたから、江差では、やはり「国を離れて　・・・」よりも、「大島小島・・・」が重宝されるのが、人情として必然だろう。

本唄「鴎のなく音に　ふと　目をさまし
　　　あれが　蝦夷地の　山かいな」

前唄「国を離れて・・」から、この本唄に続くと、もう物語の内容に酔いしれるように、ジーンときてしまう。

その感動を胸いっぱいに包みながら、「かもめ～」と練習に入るのだが、一〇回に一回は、痰が絡んだり、声が割れたり、息が切れたり、窒息しそうになったり、ナンとかカンとかの理由で、失敗してしまう。

河村彰蘭さんから届けられたＣＤを頼りに、また二尺六寸から唄い始めることにする。

片方のＣＤラジオカセットレコーダーにＣＤを二尺六寸にセットし、もう一方の録音用のラジカセに録音テープをセットして、同時にスイッチＯＮにする。一回、唄うごとに両機を止め、録音済みのテープを逆巻きで戻して、録音機から流れる自分の追分をじっくり試聴する。それを毎日、五回復唱する。

現時点で、これが自分の最も工夫した練習方法で、次回の昇級審査を大いに楽しみにして、練習を続けた。

翌月になって、妻が左足に痛さを感じて、歩くのにも運転するにも違和感がある、と言いだした。それで、四か月前に自分が入院した隣町の市立病院に送り届けた。我慢していたのが好くないらしく、左ひざ皿をストリッピングという手術で入院する羽目になった。

全く今年は何という年なのだ。夫婦して入院して、長女の入院に老人ホーム入居の世話と、次女まで入院中とは。次女については、娘夫婦が同居して面倒を見ているので、私の関わる範疇ではなさそうだ。

江差追分秋季セミナーが十一月十日から始まった。今回のセミナーは、深川の山田さんも休みということで、出席は私一人だけ。無理もないこと。今や深川追分支部には滝本豊壽という日本一の江差追分の唄い手が居るのだ。最高の唄い手が居るのに、高い交通費と宿泊費を使って、江差くんだりまで行くことはないのだ。「四級秀」の辻一人で江差へ行けばいいのだ。

これからのセミナーへは、いつも一人で行くことになるのかもしれない。それに、一人で行くとなると、師匠研修会が終わった後、今までは、即、山田さんの車で帰路について、その日のうちに帰宅できたが、今後はバスかJRを利用するとなると、江差か函館にもう一泊しなければならない。水曜日に出発して、月曜日に帰宅することになる。五泊六日の長旅になる。一人取り残された孤独感と敗北感に包まれた。

仕方がない。悔しかったら早く昇級して、開放感を味わうようにしたら良いだろう。この時も、不十分な練習のまま、五泊六日の出張で江差へ出向いた。思えば、江差線に乗った最後のチャンスかもしれなかった。

毎回、山田さんの運転する横で、酒のマイカップを二つは空けて、何回か声出しもするものを、この時は函館から江差線に乗り換えて、退屈まぎれに、通過の駅名を順にメモをしていた。

谷間に初雪の残った白い塊を見たりして、やっと江差に着いたころは、もう殆ど夜だった。その時、薄暗い駅から江差追分が静かに流れてきて、故郷の優しさに包まれた気がして、訳もなく目頭が熱くなったのを記憶している。辻旅館で夕食のとき、向かいのテーブルのお客さんが、

「さっき、電車に乗っていたでしょう?びっしり、何かメモしていましたよね。」

「そうですか?見られていたのですか?私も、何かあの人、私を見ているなと、貴方を時々見ていましたよ。そして多分、自分と同じように江差追分のセミナーに参加する方だなあと思っていました。それに、完全に冬支度のようでしたからね。」

「こんな時期に、スーツケース持って、江差線に乗る人は、追分に関係のある人くらいだろうからね。」相手は、札幌から来た高井収さん。

「現職ですか？　仕事は何をされているのですか？」

「学校で英語を教えています。」

「へー、私も現職のころ、中学校で英語を教えていたことがあるのです。どこの学校ですか？」

「小樽商科大学です。」

「えっ、オタル・コマーシャル・カレッジ？」

まさか大学の先生が江差追分のセミナーを受講に来ているとは考えもしなかった。酒の勢いで、つい話し込んでしまったが、余りにも職種の偏重が在り過ぎて、恰好が付かない。

ついでに名刺を交換したら、小樽商科大学名誉教授の肩書。

英語学が専門だったという。とんだ知識人と話し込んでしまった。

彼は平気で、「江差追分は難しい。私なんか（何級だったか）八回も昇級審査に落ちたよ。今回だって全く自信は無いけど、師匠が受けてみなさい、と言うものだから受けに来たのさ。」

大学の名誉教授でさえ、江差追分の試験では落ちるのかと、高井さんに親しみを覚えてしまった。

三級昇格審査は、またも「保留」。悔しいが満足できる練習はしていなかったから、やもえない結果と思った。

少し頭を冷やそうと追分会館の裏口から出て、防波堤の沖の日本海を眺めていた。そしたら、一羽のカモメが上空高く短い鳴き声を残して飛び去って行った。

その時、前に山田さんが一度の審査で「三級」に合格したとき、「海にでも飛び込めるな！」と興奮して言ったのを思い出した。

なんという違いだ。自分はカモメにさえ、「意気地なし！」と無気力感を見透かされていた気がした。

♪ 沖でカモメの鳴く声聞けば　鳴けるカモメが怨めしい ♪

こんな時に、つい、ソーラン節の替え唄ができてしまった。可笑しいではないか。いま、悲哀のどん底に置かれているはずなのに、何故ソーラン節が出てくるのだ。いかに楽天家であったとしても、真剣さが足りないのではないか。自問自答をするまでもなく、いつもそうだから答は分かっている。決まって性格上の悪癖が顔を出す。何か事を遣り出して解決しそうになると、まったく別の考えが脳髄を支配して、解決しそうな物事を遅滞させてしまう。だから、未解決の仕事が数えきれないまま書類となって蓄積されてしまう。それを極力、三～四つに絞って年間の目標にするようにしている。こんなことだから江差追分に限らず、不完全成就のものが多くなるのだ。

帰省したら、事務所に妹からＦＡＸが届いていた。施設に居る長女のことで話があるから直姉に電話をいれてくださいとのこと。

直姉はすぐに電話に出た。

少し慣れてきたから、我儘が出てきたみたい。ここ（ホーム）、退屈だから、（柏ケ丘の）家に帰りたいから帰してって、施設の職員に言っているのだって。そして、怒って、部屋の中から施錠をして、職員の人が部屋に入れないのだって。何かあったら責任上大変なことになるから、家族の方、大至急、説得して、部屋のカギをかけないようにしてくれって。

電話で聞いても、如何してよいものか、すぐに回答は出せない。とにかく、明日、札幌に行くから、その時、妹と三人で対策を考えることにする、と電話を切った。五泊六日の江差紀行の資料整理は後日に回すことにした。

翌日、如何したものかと頭を悩ませて姉の入居のホームに行くと、直姉と妹は、いつもと変わった様子もなく長女の部屋に居て、普通に語らいをしていた。

「お姉さん、元気でしたか？」と、大きな声で話しかけると、子どものように目をパッチリ開いて、「元気でしたよ。」と、明るく返答してくれた。言葉も表情も仕草も、どう見ても普通に見える。

「知っている姉妹や弟には、普通なのだけど、施設の職員になると、気持ちを見せないというか、疑い深くなるというのか、構えてしまうのね。今日は、その相談なの。」

結果、長女の一徹な気性や行動を説得で変えるのは難しい。何か事故があっても、一切、ホーム側に責任は無い。責任はすべて私どもに帰属することを文章化して、直姉と私と妹の三名連記捺印のうえ念書を添えて、ホームの施設長宛に提出することにした。念書の一件が落着したのは、もう十二月になってから。認知症の世話は、簡単な小手先では済まないようだ。

十二月十七日には、瀧本豊壽の第四九回江差追分全国大会優勝祝賀会が深川ホテル板倉で開催。例年でも、連日の様に諸会議、忘年会と続く十二月。

慌ただしい年の暮れの続きのまま、平成二十四年（一九一二年）を迎えることになった。業務日誌には、元日に前年十二月の月末統計をした。前代未聞と記してある。足が地に着いていない様子だ。累積歌唱数一六、七一三回。

一月半ば過ぎに、またも循環器科のトレッドミル検査で入院・退院とある。三十一日、同じくトレッドミル検査、異常なし、手術なし。

月末統計の感想文：ついに江差追分を唄わない月が出てきた。理由は山ほどあるが、言い訳は江差追分とは無関係だということを悟らなければならない。

・言い訳は愚かさの暴露！
・迷ったら振出しに戻れ！
・怠惰は老病の大因なり！

反省の言葉を並べているだけで、追分の行動が見えていない。

二月に入って、私の不調に合わせるように、ハッピーさんの一人、Aさんの振る舞いが異常に見えるようになってきた。いっときは十人を超えて賑やかだった美唄ときめき舎も、ここ二・三年の間に急激に高齢化が影響して引退者が急増してしまった。美唄ときめき舎創立時に、自分より若い人では高齢者に当たらないとして、「入舎資格：満六〇歳以上の男女であれば誰でも歓迎。上限なし。」の一条を設けたのが災いした。

ハッピーさんは減少を重ねて、今では四人になっていた。

だからAさんの行為が目に付くようになったのか。

Aさんは私より七つ年上で、ときめき舎一番のカラオケの歌い手で、優しくて運転も上手く、みんなからアッシーさんと呼ばれて重宝されていた。前年には、バックで電柱に衝突して、バンパ破損、後部ガラス全壊の交通事故を起こした。また、戸を開けたままトイレに入って、なかなか出てこない。酒も飲まないアッシーさんを車で送り届けたことがあった。彼は一昨年まで、いつも、二人の女性を乗せて、ときめき舎に来てくれていたが、一人の女性が病死して、もう一人の女性だけ便乗してくるようになっていた。

彼は病死した女性（Sさん）と交際していて、葬儀の後、彼女の遺骨を自分で引き取ると言い出したので、私たちは反対した。

「前に死んだ奥さんの遺骨と、Sさんの遺骨と二つになったら、Aさんの息子さんだって黙ってはいないよ。Aさんの弟や親戚だって黙ってはいないのではないの。」

彼の認知症の傾向が素人目にも思い当たるようになったのは、Sさんの死が影響していると考えてしまう。

今年になってからは、もう一人の彼女が「明日、○月○日は、ときめき舎」とメモして、卓上に置いてきても、翌日、新聞を読んでいて出発の時刻を忘れてしまう。彼女が、「遅れるから早く迎えに来て！」と電話して、やっと気が付いて、腰を上げる。そんなことが、幾度かあった。

また、ときめき舎から帰るとき、一度、車に乗ってから、「カバン、忘れた。」と、取りに戻ってきた。私がホールを探したが、見当たらない。玄関の腰掛の横に置いてあるのが分かった。実は腰掛に腰を下ろして外靴を履いて、そのままカバンを持たないで外へ出てしまったのだ。また、朝、ときめき舎で椅子に腰を掛けて、ややしばらく経ってから、「あっ、スリッパ履いていない！」と気付いて、玄関へスリッパを履きに行ったこともあった。

思い起こせば、奇妙な振る舞いは、相当以前からあった気がする。そのことをSさんは他の人に知られまいとして、彼を密かに庇っていたのではないだろうか。彼女もAさんを深く愛していたのかもしれない。

カラオケをしたときに、疲れると言って椅子に腰を掛けたまま唄ったことがあった。以前ならマイクを片手に得意のカラオケ、悠々と立って唄って、座って唄うことは一度も無かった。

「疲れているのだったら、無理して唄わなくてもいいのに！」

私は彼女が少し嫌味を言ったのかなと思ったが、今では彼への思いやりだったのだと思えてきた。

最近、Aさんは昼休みに昼寝をしなくなった。せっかく彼用に簡易布団を用意してあるのに、何故と訊くと、寒くて眠れないと言う。次回、それなりに室温を高めておいても、やはり、寒くて眠れない、と言う。過去一三年、こんなことを言ったことはなかったのに。病院を勧めても、「いつも行って、診てもらっているから、何でもない。」と、いつもの素直な彼らしくもなく片意地を張った返答をして、診察を受けようとしない。

二月の江差追分セミナーの期日が近づいてきた。

気持ちの上で、それなりの苦痛を抱えたまま、江差に出向いた。師匠研修会出席カードに午前半日だけの捺印がされているので出席したのは確かだが、ほかに出席の証拠が何も残っていない。「保留」の回数を重ねに行っただけのようだ。追分への情熱は消えてはいないのに、行動に移せないで悶々とした日が続く。

しかし、個人事情はどうあれ、民謡組織の職責は、年次計画の具現化に向けて邁進しなければならない。

三月は空知地区民連の格付け認定試験。四月には同じく空知地区の春季民謡競演大会と旭川での日民の道連連合大会。五月、第一九回芦別馬子唄大会と、都道府県単位の役員をしていたら、民謡関係の行事の枚挙に切りがないだろう。

六月には、恒例の北海道新聞社杯全道民謡決勝大会がある。忙しいなら余計な仕事に手を出さなければいいのに今年は江差追分全国大会五十回記念で江差追分の新作歌詞を募集している。その原稿が六月末で締め切りなので、投稿原稿にも、かなりの時間を費やすことになった。なにか自分で勝手に江差追分を唄う時間を少なくしているようにも思えることもある。

七月には北海盆唄全国大会(三笠)や道南口説き節全国大会(函館)もある。空民連では全道大会出場選手の合同練習もある。

八月には全道民謡決勝大会(釧路)と第二回「石狩追分・浜益道中唄」全国大会があった。石狩市への引率は難儀した。出演者も応援者もミスの連続だった。車二台で出演者六名、応援者二名の総勢八名で出かけたが、年齢八〇代が五名、七〇代が二名、三〇代が一名で、老齢化を意識せざるを得なかった。尺八伴奏の高島さんは、脚が通風で歩くだけでも痛いのに、重い尺八のケースなど持って歩けないと言い出した。君江さんは電話が来るまで忘れて寝ていた、と言うし、最長齢のいつも元気印の恵子さんは午後になって疲れ切って二階まで上がれなくなった。出演者の衣装替えは一階でするから下まで衣装を持ってきて、と言う始末。太鼓の大島さんも八二歳なのにヨチヨチ歩き。私も朝のうちは会場の花川まで運転はできたが、目が悪いので帰路の夜道は、若手の藍子さんと三〇歳になったばかりの寿美子さんに頼むことにした。帰途、道にも少し迷ったりして、遠征出演は今回が最後かなと、鏡峰会の老化を、又も意識せざるを得なかった。

翌日、事務所に山田さんから二人劇「唄は生きている」の脚本が送られてきた。

今年は空民連の一大目玉行事として「第一回空知民謡の集い」を十一月二十五日に開催すると年次総会で決定してあったもの。

一度、空知大会や北海道大会で優勝すると、次の年から大会出場資格がなくなって、せっかくのいい唄（民謡）を持ちながら、愛好者たちに聞かせる機会が殆ど無くなっている。往年の選手の民謡を多くの人に聞いてもらえる機会を作りたい。

併せて、民謡の普及と財政の復興も目指したいというのが本音でもある。

いつだったか、やはり今年のことだろうか、山田さんと追分セミナーの受講で江差へ行ったとき、演劇論に話が飛んで、昔、私が演劇をしていたと言ったら、山田さんも高校時代に演劇をしていたという話になった。

そこで、山田さんは、今年の「第一回空知民謡の集い」に、いくら優勝者ばかりといってても民謡ばかりでは、お客さんも少しは飽きてくることも考えられるから、劇の一つも出してみるのも面白いのじゃない、という提案になった。

山田さんが脚本を手掛けてくれて、私が出るだけならいいよ、という曖昧な返事をした記憶はある。それを山田さんは覚えていたのだろう。

脚本まで書いて送ってくれたのに、今さら忙しいからと、断る訳にはいかない。

二人劇「唄は生きている」山田都子雄作。A4プリント六枚。一枚に二〇行、行間をたっぷりとって書かれてあるので、読みやすくてよかった。
＊戦後間もない北の漁師町。妻（タミ）に先立たれて落ち込む徳之介（役：山田都子雄）。それを元気づけようと訪れてくる銀次郎（役：辻義彦）。

〈BGM：江差追分。徳が一升瓶を立てて、思いにふけって酒を飲んでいる〉

・タミちゃんのこと、いつまで考えていても駄目だ！

〈二人して酒を飲んでいるところへ、姉弟（三谷華央・三谷優武）登場〉

・稽古して上手くなったから、タミおばちゃんに聴いてもらおうと思って

〈江差追分を唄う〉

・いつも稽古してくれていたのか。

〈仏壇に向かって〉

・よかったな、タミ。

〈後ろの茶ダンスからアメを出して渡す〉

・また、唄、聞かせに来るね。

〈姉弟、帰っていく〉

・有難い、タミの唄、あの子らに立派に受け継がれていた。

・お前の唄、あの子らの中に生きてるぞ！

・そうだよ。めそめそしていられないな。

・子どもたちでさえ頑張っているのに。俺、浜に仕事に行く！

・その意気、その意気。じゃ、また来るな。
・もう来なくていい

これから、十一月の公演日を目指して、深川と美唄に分かれて二人劇「唄は生きている」の練習が続けられることになる。

九月にヘルシードック検診結果（大腸ガン〈要〉精密検査）の通知が来たが、例年の如く江差追分全国大会に出かけた。

十月十八日。前立腺癌の疑い。前立腺針生検手術のため入院（今年二回目）、二十日に退院。たった三日、過ぎてしまえば何のことはないが、腰が痛いやら、入院前の諸検査で気持ちが滅入ってしまった余韻で、退院の解放感が全くない。翌日になっても排尿時の亀頭の疼痛が、また病みだした気になったりする。その翌翌日の二十三日は歯科の定例検診日。とても江差追分を口ずさむ気分にならない。

歯科から戻ると、留守番電話が入っていた。受話器を取ると電話番号だけ残して、一言の音声もなく切られていた。不愉快だったが、市外番号で気になるので相手を探すことにした。初めに空知地区の民謡仲間の名簿を見たが、空知管内の市町村に合致する市外番号は見当たらない。次に、北海道民謡連盟役員名簿を見たら、すぐに連盟副会長の寺島栄作氏（室蘭）と同じ市外番号であることが判明した。しかし、市内番号は違っていたので、同じく室蘭地区から出ている連盟理事：木村美祥氏の番号を調べたが、彼とも違っていた。他に室蘭で面識のある方と言ったら、すぐに思いついた。いつぞや「江差追分節（本唄）伴奏集」のＣＤを制作した河村彰蘭師に違いないと。

やはり、予想は的中した。何事かと思って、ダイヤルを回したら、元気溌剌、意気揚々とした声が戻ってきた。

「追分の一本通しのＣＤを創ったから、遅いのと速いのと二本創ったから、どっちがいいか聞いてくれ！」

「そんな話か。何事かと思ったんだよ。今、電話で、ＣＤ流して、速いほうがいいかとか、遅いほうがいいかとか、そんな流ちょうな気持ちになんかなれないよ。後にしてくれないか。」と言う私の話が終わらないうちに、すでにセットしてあったのだろう、彼の制作した尺八の追分節が電話に流れてきた。

相手の話も聞こうとしないで、一方的に音を流し続けて、いったい彼は、どういう神経の持ち主なのだ。今、音楽をじっくり聴く精神的状態に無いと言っているのに。腹が立った。留守電話に名前も告げずに番号だけを残しておいて、それだけでも失礼なのに、今度は嫌だと告げているのに、音を強制してくる。それでも苦痛をこらえて何十秒かは聞いていたが、一向に途中で切る気配はない。苦痛は更に高まってくる。ついに、一方的に私は受話器を置いた。

何分かして、また彼から電話がきた。

「どうだった？　どっち、よかった？」

「おれは今ね、退院して初めて事務所に来たばかりなんだよ。留守中に事務所に変わったところはないか、今、見ようとしているところなんだ。気分は病人なんだよ。切るからね、電話。」

「入院してたのか。御免。何で入院してたのさ？」

「そんな話、したくない。電話切るからね。」

「御免、御免、御免な。」

私は感情をあらわにして電話を切った。

そんな嫌な出来事から、丁度一週間後、北海道民謡連盟事務局からFAXが届いた。

「前　連盟尺八指導委員長　河村彰蘭師が逝去されました。日時・・・通夜会場・・・」

まさか、あんなに元気だったくせに、わたしの意地悪が影響したのではと、ますますどん底、意気消沈してしまった。


二十六日、第四回連盟理事会。二十八日は、第一回「空知民謡の集い」の美唄民謡連合会の団体出し物・・「美唄どんどと節」の全日合同練習(美唄ときめき舎にて)。翌二十九日は、お袋の五度目の祥月命日だが、仏壇に花だけで許してもらった。三十日、札幌老人ホームの長姉の見舞い。夕方、五時、美唄市民会館で十一月三日の市民文化祭のための合同練習。


十一月四日、一息の間もなく空民連の役員会・幹事会。会議というより「空知民謡の集い」の入場券の集金や販売状況の把握。大会前日の舞台設営や当日の係や出演者の対応の細かい打ち合わせ。

私は大会副会長で、準備に特別な仕事は無いが、山田さんは会計部長だから金銭の出し入れに結構忙しそうだ。
それで会議終了後、ほんの短時間だが、練習は無理だったが、二人劇の第一回目の打ち合わせはできた。

十一日(日)、練習のために山田さんが深川から美唄ときめき舎に来てくれた。本来なら、本読み・配役決定・読み合わせ・立ち稽古・舞台稽古の順で練習は進行していくのだが、二人劇にそんな余裕はない。二回のセリフの言い合いで、すぐに立ち稽古。あっち向き、こっち向きしている間に、もうお昼時刻。通し練習もなく劇練習は終了。初めてだから美唄の自慢できそうな食堂に案内しようとしたら、山田さんは、「どうせ時間不足になると思ったから・・」と、持参のショルダーバッグから昼食の包みをだしてしまった。

「せっかくの機会だから、少し喉濡らしでもしようと思っていたのに、・・」
「またの機会を乞うご期待で、いいよ。」ということで、二人して質素な昼食で間に合わせた。

昼からは、江差追分を唄える子役の姉弟に、三谷州麗最高師範のお孫さんを頼む相談とか、実際にメーキャップをしたり、当日の衣装を着けたり、部分的ではあるが、小道具を実際に動かして舞台の位置を凡そ検討つけたりした。

その後の練習は、大会前日の各民謡連合会のリハーサルの最中に、空き部屋を利用して行うことと、割り当てのリハーサル時間を万度に使うことにして、十一月二十五日の「第一回空知民謡の集い」に臨んだ。

当日は晩秋とは思えない風も暖かい青空の多い快晴。少年少女の部が終わって、団体のトップが美唄民謡連合会の「美唄どんどと節」。誰か彼かが休んで、出演者が一度も全員揃って練習したことはなかったが、不思議とスムースに筋書き通りに行って、まあまあの出来具合だった。やれば出来るのだね、って後でよく労をねぎらってやろうと思った。

次の自分の出番は、「全道・全国優勝者たち」のすぐ前だから、プログラムのずっと後の方になる。それまでは自由時間。控室が一つ当てがわれて、時間を持て余し気味。今まで忙しさに追われて汲々としていたのに、大会当日に、こんなに余裕があるとは。脚本を出して、台詞を言い直してみる。今になって、やっと台詞が暗記できた気がした。ついでに衣装も着けて、化粧もしてしまった。

子役の華央（カオ）ちゃんと優武（ヒロム）君にもメーキャップをしてあげたら、ますます可愛くなった。

こんな小さな中学生や小学生が江差追分を上手に唄いこなしているに、自分は如何して上手にならないのだろう。自分にとっては江差追分の先が全く見えない。

「さあ、そろそろ準備にかかりますか?」山田さんが張り切って衣装の包みを解いている。「私は、とっくに準備完了。二人にメーキャップをしてあげました。」「余裕だね。」そんな会話を交わしたか、どうか。ともかく、全力投球で、二人劇を演じ終わって、大きな拍手喝采を全身に受けて、全身熱くなってしまった。

その後の反響は、近年忘れていた歓喜を味わらせてくれた。「素晴らしく好かった。」「いつの間に練習していたの?」「深川と美唄で、どうやって練習したのさ?」「今度、私にも劇に出させて。」「山田さんと仲が好いの?」

江差追分では、まだ味わったことがないが、演劇公演では何度か体験したことのある充実感のある歓喜だった。この充実感を江差追分で体験しなければならない。「第一回空知民謡の集い」は、主催の趣旨と全く異なったところで、私は参加してよかったと思った。

十二月になって、決意新たに江差追分に挑戦しようとしていた矢先、美唄民謡連合会に加盟している三つの会の一つから、「会員の高齢化と会員減により今期をもって美唄民謡連合会を脱会いたします。」の通知が届いた。昭和五十一年(一九七六)に結成した美唄民謡連合会も、今や、たった二つの会だけになってしまった。

そんな折、予定外の仕事が舞い込んできた。衆議院の年末解散があって、第四六回衆議院議員選挙が十六日に行われることになった。美唄市明るい選挙推進協議会会長の私は、また趣味をしばし休息する羽目になってしまった。

その後、門下生の最長老の恵子さんが脳梗塞で倒れ、かなり危険な状態で入院してしまった。年賀状もまだ書き終えていない。

平成二十四年は、あらゆる場面で高齢化を意識させられた年だった。私には追分のスランプ脱却の課題が残ってしまった。

平成二十五年（二〇一三年）
年が明けて、直ぐに長老の恵子さんが入院している岩見沢の脳神経外科病院を訪れたが、又も身内以外の人には面会は許可できないと、帰されてしまった。せっかく雪の中、門下生の運転で来たというのに、不便な世の中になってしまった。
自分は昨年、ヘルシードックの集団検診で、大腸ガン〈要・精密検査〉の通知を受けていたのを思い出した。年末に市内の内科・消化器科クリニックで受診を申し込んだら、年を明けた一月一六日に精密検査受信日に指定された。受診の三日前から医師からの処方通りの対処をしなければいけないことになっている。これも不便だが、病根を解明するには、仕方がない。

翌日だったか、大腸癌検診結果、異常なしの報告受ける。

その数日後、老人ホーム入居の長姉が、部屋で転倒して大腿骨頸部骨折で緊急入院した、と妹からＦＡＸが送信されてきた。手術が必要で、身元引受人と医者との重要な話があるので、明日、直接、もみじが丘病院に午前中に来てほしい、という内容だった。私は妹に電話をして、病院までの詳しい道のりを確認して、午前一〇時までには行くので、直姉と長姉にも伝えてくれと頼んで受話器を置いた。

医者の話は、大腿骨頸部骨折というと、接骨はできない。プラスチックに似た模造品の頸部骨（？）と代替えします。お大手術になる。危険も伴います。一〇％から二〇％の死亡率もあります。手術、輸血が必要です。

身元引受人の手術同意の印鑑が必要です。骨折で身動きできなくなっている姉を放置できる筈はない。危険は知らされても、一刻も早く苦痛からの解放のため手術をお願いした。二日後、手術が行われ、成功裏に終了したと直姉から喜びの電話があった。

その週末の土曜日、久しぶりに空き日があって、早々に札幌もみじが丘病院に長姉を見舞った。長姉は、上機嫌の様子でパンを両手で千切って、美味しそうに食べていた。直姉や妹は、早くから来て看病していたようだった。

「経過は、至って順調ですって。」

手術の件は無事に落着してくれたが、三月下旬の退院時から、八七歳にして辻家の長女は、止む無く車椅子の人生を強いられることになってしまった。誰を恨む訳にはいかないだろう、これ以上の救助法はなかったのだから。と思いながらも、何となく姉の一生に責任めいたものを背負わされた気分になってしまった。

江差追分会からセミナー開催の通知が届いた。第二八期江差追分セミナー（二月十四日～二月十六日）。昨年から、まともに練習はしていないけれど、ここらで踏ん切りを付けないことには、追分への願望を後退どころか消滅し兼ねないかもしれない。ともかく、気分転換の意味でも、江差へ行って同好の士の意気込みだけでも真似してこよう。

時の講師陣は、青坂満上席師匠・小笠原次郎上席師匠・浅沼和子上席師匠・高清水勲正師匠の四人だった。

江差追分節のカリスマと言われている青坂上席師匠に一度はお習いしたかったが、願い届かぬうちに、いつの間にかお姿拝見の機会がなくなってしまった。

昇級試験の結果は、予想どおり「保留」だった。情けないことに、恥ずかしさも悔しさも殆ど不感症に近い心理状態になってしまった。

江差からの帰路、山田さんは運転しながら、「来月、江差追分の準講師の試験あるから、一緒に受けてみないかい?」と、全く考えたこともない話を持ち出してきた。

「準講師? 江差追分の準講師?」

「そうだよ。江差追分の準講師。何か変だかい?」

「ちょっと、冗談じゃない、準講師なんて。だいたい俺、まだ四級秀だよ。三級にもなっていないのに。笑われるよ。」

「四級秀だって準講師になれるのだって。実際になっている人、居るっしょ! 四級秀の、あれ、いつも辻旅館で一緒になる、愛知県のダンスの先生もしていると言っていた人。あの人、四級秀で、なっているっしょ! 四級秀で準講師になれるのだって。」

そう言われたら思い当たる人だった。四級秀で、それは追分の上手い人はなれるかもしれないが、自分は、追分修業の、それも悩んでいる最中で、とても江差追分指導者の卵の器とも思えない。

そんな無から有を生ずる話だったが、受験の段取りはすべて山田さんがして、私は試験に専念するだけ、という話し合いに合意して、ついに準講師試験に挑戦することになった。

帰宅した翌日、申し込み締め切り日が迫っているので、直ぐに追分経歴書を送れと山田さんから電話があった。いよいよ本気で取り組まなければならない。

追分経歴を送れと言われたって、入会日とセミナー参加回数と五級・五級秀・四級・四級秀の昇級年月日を書くだけだから、すぐにＦＡＸで送信した。

そんな書類のことより、当日の試験の審査内容が気にかかる。

大きくは三つ。

一つは、モデル曲の評価。師匠研修会で経験済みだが、テープに流される歌唱者不明の追分を聞いて、その歌唱の長短を批評するのである。

今一つは、実技の指導力。これも師匠研修会で体験済みだが、自分の普段の指導法をそっくり実演しなくてはならない。

もう一つは、追分唄の実力度。三級保持者なら余裕を持てようが、四級秀の自分となると、この審査が一番の恐怖。四級秀のまま何度も「保留」を繰り返しての準講師への挑戦だから、気持ちに余裕は全く無い。如何にモデル曲の評価が上手だったとしても、如何に実技の指導力が上手かったとしても、自分の追分歌唱が基準に届いていないとしたならば、評価の認定も指導力の認定も帳消しになってしまうだろう。合格の可能性は、これも皆無に等しい。

しかし、もう思考の時ではない。すべて事は進行している。書類は発送されている。すべて「保留」覚悟で、しかし、全神経を集中させて挑戦するしかないと再確認した。

セミナーで合う遠い同好の士を思い出したりする。神戸の石井建三さん、横浜の永井春吉さん、愛知の神谷晶利さん、長崎の平川波声さん、埼玉で女性の酒井輝美さん、木下幸子さん。彼らも、何回も辛酸な目にあいながら、大枚と日数をかけて本州から飛行機を乗り継いて、江差まで来ているに違いない。本州から来ている仲間に比べれば、私はまだ、江差追分修業の本来の厳しさを、まだ体験していないのかもしれない。自分なりに幾度も決意を確認した。

㈠　従来の毎日一〇回の追分歌唱練習を再開する。

(二) それに、追分唄の評価力を養うために、毎日、一時間以上、全国大会優勝者たちの唄を聴くことにする。

(三) セミナーでの講師先生のテープと、その時の格付け試験のテープ(その頃は、CD録音はされていなかった)を年代順に聞き返すことにする。

第二一期の最初のテープでは、普段の練習では切ることはないのに、一節・三節・五節とも切っている。「もみ」が、三つだったり二つだったりして四つに固定していない。「節度」と「本すくり」は、まだまだだが、流れは今と大した変わりがないように聞こえた。これらの欠点を三月一七日の審査会までに克服しなくてはならないのだろう。もはや、どんなことがあっても頑張るしかない。

それからは、再びときめき舎日誌に追分歌唱数を記入した。

工夫したこともメモするようにもした。いつの間にか歌唱重視より名人唄の聴き取り鑑賞が重点になってきた。鑑賞時間が二時間近くなる日も出てきた。読み返しても理由は理解できないが、セミナー行きが刺激になっていると書かれてある日もある。自分の毎日の唄に、基本形の落ち度を探す唄い方に変化してきた、と二月の月末統計に記入されているところをみると、やはり少しは自分の追分が変化してきたのかもしれない。

三月二日、道東の暴風雪で、前代未聞の一晩に九人死亡。三日は朝から快晴。道東では集団葬儀か。申し訳ないが、と心に詫びながら追分練習は続ける。

十七日まで、あと一週間となった頃は、悟りを開いたようなゆったりした気分になってきた。きっと「保留」と諦めの悟りだったかもしれないが、気持ちに妙な落ち着きが出て、昔の名人たちの追分の入ったCD「古調江差追分のルーツ」を聴いたりしていた。初代浜田喜一・柿崎福松・今義美の抜群の歌唱を楽しんだりしていた。

そんな折、二二日だった。またも、先月、交通事故を起こしたアッシーさんことAさんが、明日が水曜日のハッピーさんの例会の日なのに、突然やってきた。

「もう運転も自信がなくなったので、今日、運転免許を返納しました。それで、今日でもって、楽しかった美唄ときめき舎を辞めさせていただくことにしましたので、報告に参りました。」

「そうですか、・・・いや、残念ですね・・・」先月二月の交通事故は白昼の衝突事故。同乗させてもらっている女性からは、「私、怖いから、もうAさんに乗せてもらうのを止めようかと、思っています。」と、告げられて、どうしたものかと思案していた時でもあった。

彼が辞めたら、女性も歩いては来られないから辞めることになるだろう。もう一人、男のハッピーさんはいるが、民謡やカラオケを歌ったりする方ではないから、彼も辞めることになるだろう。そうしたら、水曜日のときめき舎は全滅となってしまう。すると、高齢者の社交場が名前だけになって、ときめき舎が民謡会員のほうが多数になって、民謡会館専用になってしまう。

送別会ぐらいしたいと言うと、もう体力、気力もないし、私は酒も飲めないし、これでお暇しますと、その場でのお別れとなってしまった。寂しい、口惜しい、残念の思いだが、仕方がない。人は自分の行く末を自分で探して生きなくてはならないのだろう。私は私なりに江差に活路を見出して精進するしかない。こんなことでへこたれていられない。

四日後、いよいよ出立の日。複雑な想いは胸の隅に置いて、笑顔満面で山田さんを迎え、江差へ同行した。

翌日、三月十七日、快晴。辻旅館の女将の激励を受けて、二人は勇んで試験会場の江差追分会館へ向かった。ああ、もう逃げられない。ついに資格試験の審判を受けてしまった。

先に終えた私はほっとして隣室で待っていたら、二〇分ほどして審査を終えた山田さんが顔を綻ばせて入ってきた。

「待ったかい？」

「うん、待った。」

「帰るかい？」

「うん、帰る。」

「じゃ、行くかい。」

車が江差の本通りへ出て、やっと本題を口にした。

「俺、受かったかも知れない。質問にも調子よく、すいすい返答できたしね。唄には、ちょっと自信はないけど。」試験場面を回想して、合格を確信しているようだ。

「俺はダメだとも、何とも・・。予想以上に全く回答できなかった質問は無かったけど、だけど、やっぱり自信はない。山田さん、やっぱり三級だから余裕があったんだよ。いつ頃、合否の返事が来るのかね？」

そうは言っていながら、自分も内心では「保留」になる感じは無くて、受かっているという感じが多分にあった。応答内容については、ほとんど記憶していないが、資格認定審査委員長の「準講師だから、大丈夫ですよ。」の最後の言葉は、合格させるから心配しなくて大丈夫、という有難い意味以外に考えられないからだった。

返事は三日くらいで来ると思っていたが、じりじり待つこと一〇日目、通知が届いたのは三月二十七日。いざ、実際に手元に通知が入ると、不安と期待で開封に胸が締まってしまう。「準講師」認定を通知します。ええ、受かったぞ。何度、読み返しても誤読ではなかった。やっぱり、受かっていた。先月、セミナーから帰る時まで、考えたこともなかった江差追分指導者のお墨付きを、ひと月余りで取得することができた。信じがたい出来事。滝本支部長と山田さんにお礼の電話をした。

滝本師匠は祝福の言葉の後、「指導者免許証は飾りじゃないからな。」と、一層の精進をするように激励してくれた。

その通りだと思う。額に入った認定証は、壁に掛けてはあるが、絵画ではないのだから、見るのが目的ではない。

江差追分準講師の認定証なのだから、江差追分を教えなくてはその目的を果たしたことにはならない。

自分の主宰する民謡会だからって、三味線唄を習いに来ているのに、即、江差追分という訳にはいかないだろう。稽古時間の一五分だけ追分というのも、嫌がる生徒さんが一人でもいたとしたら拙い結果になる。兎に角、せっかく取得した貴重な財産を飾り物のままにはしたくない。美唄には、今まで江差追分を教えている人は居なかったから、いいチャンスかも知れない。美唄市内に江差追分の種蒔きをする気持ちで、追分の宣伝をして、人を集めてみよう。

早速、A四版の五段切り大の広告原稿を持参して、美唄市役所の広報課を訪ねた。三月末だったので四月号（四月一日発行）には間に合わないので五月号のメロデイー（公報）に掲載することになった。

北海道無形民俗文化財　江差追分　会員募集

☆「美唄江差追分唄おう会」

◆人生のお土産に　覚えてみませんか

・お稽古日　毎週水曜日午前一〇時から一二時まで（駐車場あり）お待ちしております

・会　　費　一か月　五〇〇円

・ところ　東四条南六丁目一七—三　美唄ときめき舎
・締　切　五月末日　電話市内　六二—五五八四
・指導者　辻　義彦

広告料二万円で、市内全戸数、約一二、〇〇〇軒に配布してもらえる。締め切り日までの約ひと月、不安と期待を抱えて、じっと待った。その結果、一〇名の希望者が申し込みをしてくれた。正直なところ一〇名まで集まるとは思っていなかったので、嬉しくてファイト満々の気持ちにさせられた。

平成二十五年六月五日。美唄に初めて江差追分だけを唄う民謡会「美唄江差追分唄おう会」が誕生した

思えば、二月に山田さんに勧められて「準講師」を取得したのも、六月に「美唄江差追分唄おう会」を創設したのも、無から有を生ずる全く新たな挑戦だった。もし、挑戦していなかったら、こんな大きな感動は決して得られなかっただろう。

新たな挑戦は、新たな感動を生む。

戯れ書き

☆ 頁って、何語？

Pageって、横文字で書くと英語で、漢字で書くと日本語になる。

英語と日本語と同じ発音になる言葉って他にある？

『新版　漢字源』によると、部首の部では、「いちのかい」と読む。成程、一ノ貝を組み立てると、頁になる。

象形文字。人間の頭を大きく書き、その下に小さく両足をそろえた形を書いたもの。

書物の紙を数える単位。書物の紙１枚の片面。近代漢語で葉と同音であるため、紙を一葉、二葉と数えるとき、一頁、二頁とも書く。日本ではページとも読む。

初めにページと読んだ方にお聞きしたかったけれど、無理な話か？どうせ戯れ書きですから、御免なさい。

一〇、帯広まで

美唄江差追分唄おう会の初顔合わせの日、江差追分はどんな唄なのか、自分たちにどんな役割を果たしてきた唄なのか、唄って聞かせるだけの力量が自分に備わっていないことを承知しているので、ある新聞記事を利用させてもらった。

北海道新聞（二〇〇六・一・二十二）夕刊の「まど」というコラムで平原雄一氏が書いている。見出しは「江差追分と中内氏」。

♬　民謡界の頂点に立つ江差追分は、流通業のダイエーグループを率い、昨年九月に死去した中内切氏の心もとらえていた。

江差商工会の辻正勝元会長（六二）は十数年前、函館で開かれた経済界の昼食会で中内氏に初めて会った。あいさつを交わすと、中内氏は「江差追分には格別の思い出がある。自分が今日まで生きてこられたのは、この歌のおかげです」と意外な縁を語り始めた。

中内氏が一九四五年の終戦間際、軍曹として戦ったヒィリピン。米軍の猛攻の前に絶望的な戦況に陥り、周囲には約二〇人の兵隊しか残っていなかった。「もう自決するしかない」。皆が覚悟を固め始めたある日、一人の兵隊が北の空に向かい、夕日を浴びて朗々とした声を響かせ始めた。日本の海辺の風景をほうふつとさせる江差追分だった。兵隊たちの中に次第に生じた生への渇望と望郷の念。その後、中内氏らは投降し、再び故郷の土を踏むことができたのだという。

「歌には人生を支える力がある」。辻さんは今、一時代を築いた経営者をしのびながら、江差追分の振興に携わり続けようと心に誓っている。♬

私は、もともと江差追分は好きだったが、この記事を読んで、さすがと感銘し、敬意を深めた。自分の追分指導は江差の物まねに過ぎない。それでも会員たちは熱心に声を出してくれるので、自分も楽しみながら練習を続けるようになっていった。

九月には鏡峰会一行で美唄市立病院へ敬老慰問。

続いて江差追分全国大会へ、四泊五日。

十月四日は単独で、横手市ふるさと村に向かって出発、四泊五日。秋田民謡全国大会に「秋田おはら節」で出場。受付で、「伴奏は、秋田弾きですか？　津軽弾きですか？」、と聞かれて即答できなかったくらいだから、結果は度外視。お袋の生まれ故郷へ、一度は行ってみたかったのも秋田へ行く半分の理由。

十七日から二十日まで、両国・国技館で平成二五年度民謡民舞全国大会。ここで空知連合会（支部）の副会長・佐竹春敏が二日目、十月十八日、民謡壮年部旗戦（松の部）で江差追分で全国優勝となる。

余禄だが、三年後の平成二十八年には、江差追分全国大会でも一般の部で優勝、日本一の栄冠を獲得する。我々役員、発起人となって盛大な祝賀会を開催したのも、まだ昨今の感がする。

余禄ついでに、吾が会（空知連合会支部）の役員を紹介する。会長は辻で、副会長は滝本豊壽と佐竹春敏、どちらも江差追分日本一の取得者。会計は前田栄子：江差追分全国大会の常連出場者。顧問は峯村孝：北海道民謡連盟会長。大物ぞろいの中に、江差追分四級秀で三級を狙って蠢（うごめ）いているのが会長の私だから、いつまでも謙虚でいられていいのかもしれない。

一〇、帯広まで

それにしても、十一月のセミナーも「保留」だった。

二十四日は深川で第二回空知民謡の集い。またも山田都子雄作…二人劇「声は命だ」。

二人して人糞の入った肥樽を担いで野良仕事に行く道すがら。掛け声が合わない。相手の担ぎ方が悪いから肥が足に掛かって臭くて敵わんとか、お前の歩き方が速いからだ、と言い争いになる。仕舞いには「この肥が無ければ、畑の野菜は良く育たない。野菜にとっては、この肥が命なのだ。肥は命だ。」

「肥は命か。俺たちの唄も、声が命だな。唄も声が命なんだ。」

「畑の肥も、唄の声も、どっちのコエも命なんだ。大事な、大事な命なんだ！」

「よし、もうひと働きやるぞ、相棒！」

「よし、相棒！掛け声合わせて、もうひと働きするか！」

二人、掛け声をぴったり合わせ、威勢よく肥樽を担いで退場。

江差では、ずっと前から一人の時は「相棒は？」と聞かれたりしていたが、この劇に出てからは空知のなかでも、「相棒は元気かい？」と、よく聞かれるようになった。平成二十五年は充実した中で暮れていった。

平成二十六年（二〇一四年）は厳しい決意が必要だった。保留を重ねて四年目になる。さすがに口に出せないほど三級が遠くに見えてくる。楽しい追分活動が俄かに苦しいものに見えてくる。

五月、第二回道連盟理事会が開かれた。そこで、北海道民謡連盟「組織改革を含む財政健全化」に関する答申書が提出された。総会決定に基づいて、道連盟が委嘱したもので理事会としては組織改革委員会の答申には一〇〇%尊重する立場で臨んでおり、承認を前提とした答申を承ったことになる。

一〇、帯広まで

情勢としては、従来の方針を継続したら、連盟は平成三十年には財政が破綻する。具体的には毎年八%の会員減を向かえるなかでの予算案の減少が示されていた。それで、支出を抑える対策として一一項目が挙げられ、一項目ごとに経費〇〇円の節約になることが数値で明記されている。その五項目に「議長・副議長制度の廃止」の明記があった。

まさか、この理事会の議長を司っている私と副議長が廃止の対象になるとは、予想もしなかった。しかし、答申が出された以上は、まな板の鯉、料理されるのを待つばかり。私は、来春、平成二十七年度の道連盟総会で自ら「議長・副議長制度の廃止」を決議して、退任しなければならない運命の議長となる。

割とゆっくり進めてきた執筆計画が、改革委員会の答申を見たことで、変更をやむなくされてしまった。

執筆中の仮題「(小見出し）北海道民謡交友録（本題）袖すり合うも民謡（うた）の縁（えん）」を道連議長という栄光の座に在るうちに出版しようと思い立った。結果、今年、平成二十六年九月までに執筆完了、出版社決定。十一月、販売開始。平成二十七年二月道連総会。議事進行の万全を期し、併せて本書の宣伝をする。これは江差追分の資格認定取得と違って、生きている限り期限限定無しという代物ではない。時の流れに細かく仕事量を配置して、確実に予定通り処理する。口で言うほど簡単なことではないが、大した苦労とも思わない。

物書きも私の趣味なのかもしれない。幸い執筆原稿、と言っても今はパソコンのワードで印字したものだが、原稿用紙三〇〇枚で新刊書一冊が相場だとすると、駄文だが五〇〇枚は執筆済みの原稿は用意できている。だから、今は民謡交友録と関連の薄い原稿を取捨選択、又は推敲をして、三〇〇枚に内容を絞るのが主な仕事。前回は東京の出版社に依頼したが、コンタクトが巧く取れないことがあったので、この時は札幌の北海道出版企画センターに依頼した。出版責任者が二度、三度と、ときめき舎まで来てくれたし、私も同じだけ札幌の出版社まで足を運べた。十月には、挿絵・表紙絵・表紙、製本がすべて完了して、二十九日には、全道の契約書店の書棚に並べられた。北海道新聞の新刊書欄に二度も掲載してくれて、大いに宣伝になって、嬉しかった。

それからは、宣伝チラシを作ったりして、販売に奔走した。なんせ書物に登場した民謡人が二〇〇人もいるものだから、電話や手紙で、「民謡の縁の何ページに先生の名前が出ているから、買って宣伝して」と頼むと、

「うちの生徒さんがたにも買ってもらうから」と、一人で何冊も買ってくれた大先生が何人もいて、本当に有難かった。

注文を受けた相手に、送金してもらうために振込口座を開設して、振込取扱票を書物に挟んで送る方法も覚えた。今までは振込用紙で送金ばかりを経験していたが、新書出版のおかげで送金を受け取る立場も経験させてもらった。

美唄のブック・コアで、店頭販売しているよ、と妻が嬉しそうに私に知らせてくれた。三笠イオンの書店では、店頭に三〇冊も並べて、お隣、美唄の作家さんですと模造紙にカラーで宣伝文句を書き出して、売り出しをしてくれていた。私は遠くから店頭写真を撮って、記念にいつも手帳に挟んで持ち歩いている。

こんな調子で十一月五日から十日まで、五泊六日の江差セミナーと師匠研修会。最終日の日曜日は相棒が欠席しているので函館泊り。保留の重さをがっしりと肩に背負って帰路につく。美唄に帰れば、これでも江差追分の先生なのだが、思えば寒気がしてくる。江差は、昇級挑戦者にとっては無情な町なのだ。

平成二十七年（二〇一五年）の夜が明けた。

三級に挑戦して五年目になる。分厚い年賀状の一枚、一枚の差出人の名前に目を通していると、四〇年も前の教え子の名前が目に入った。現在、紋別の遠軽に住んでいて、年末の買い物に北見に出かけたついでに、本屋さんに寄ったら、先生の著作の本が目について、懐かしさのあまり買い求めましたと、書かれてあった。教師冥利に尽きるとは、このことかと思った。小学四年の時の担任を覚えていてくれていて、便りを呉れたとは、本当に嬉しい。それに、拙著が北海道北部の北見の書店にまで飾られていたとは、何たる光栄。出版社へも感謝をした。

一〇、帯広まで

年賀状を一通り読み終え、追加の賀状を書き終えると、元日の予定行動はすべて終了。唄い初めで追分を一声、試してみたが、調子が今一の感じ。気晴らしに一杯飲みに銀座街へでもと思ったが、元旦白昼、美唄では無理と察して電車で岩見沢に向かった。

ふとした切っ掛けで前年から通うようになった駅前横丁の居酒屋。いつも昼前から営業しているから、ひょっとしたらと思った通り、「しれとこ」の暖簾が風に揺れて、お出でおいでをしていた。開店して、まだ二時間も経っていない筈なのに、酩酊の客一〇人で超満席。

「わあ、先生、今年もよろしくお願いします。場所、空けますから、先生。（横の客に）お前、もう帰れや！」「うるせいよ。まだ、おれは酔ってないぞ。いいから椅子、ふっ付けて、詰めれって！　先生、ごめんない。いま、先生の場所、作りますから」

親子兄弟でも、これほど打ち解けて話せるかと思うほど、自由な雰囲気に溢れている。酒が一杯三〇〇円、突き出しは、その日によるが三、四品も出してくれて、五〇〇円。カラオケ、一曲一〇〇円。ママはこの道四〇年のベテランだが、無理強いもしないし、急かせもしないので年金暮らしの者が息抜きするのに打ってつけの店になっている。

この日は、カラオケの唄と話声の大きさが度を越していて、酒を楽しむ雰囲気になれなかった。

早々に駅に戻ると、エスカレーターを登り切った所に記入台が特設されていて、その上に名刺を一回り大きくした家屋を模った可愛いベニヤ板の絵馬が置かれてあった。天井の部分に大きく「合格祈願」と朱色の押印がされ、左側下方に、これも朱色で小さく「岩見沢駅長印」と押印されてあった。合格祈願の上に三ミリほどの穴が空けられて、すぐに掛けられるように、その穴を金糸で通してあった。岩見沢駅の関係者が、受験生の合格を祈願して無料で奉仕してくれたのだろう。

残念だが、もうこれ一枚しか残っていないようだ。受験生の方にも駅の関係者の方にも、大変申し訳ないが、私の江差追分三級の合格祈願に、この絵馬の力を拝借したい。その代わり、頻繁に岩見沢には飲みに来ます。その節は必ずJR岩見沢駅を通過することをお約束いたしますので、本日の行為をお許しくださいませ。

ときめき舎へ戻った私は、早速、朱文字の合格祈願の下に黒マジックで書き入れた。

「江差追分　三級　今春

二〇一五（H二十七）・一・一　辻　義彦」

それから、事あるごとに、追分の譜表布の左下に掛けてある絵馬を見ては、今度のセミナーではきっと頑張るから宜しくと言い続けてきた。

二月のセミナーは、かなり唄い込んで行ったつもりだったが、又も及ばなかった。土壇場で正律の二尺五寸が、江差には持ち合わせがないということで、二尺の正寸管の裏吹きの伴奏だったことに違和感があった。それじゃ、正律の二尺五寸なら確実に昇級できたかと問われたら、これこそ絶対に昇級できたとは言えはしない。敗者の理論は正論にならない。不満の残る保留を味わったことだけは経験してしまった。こんな場合は、出版事業と違って時間制限はないのだから、次回にチャンスはいくらでも回ってくると、前に向かって進むのが一番の得策だ。

帰路、山田さんが、「三月に講師試験があるから受けるよ」と、言い出した。

又も寝耳に水。「準講師」を取得してから、据え置き期間の三年は、早くも経過したのだ。

全く三年前と同じ格付けにいる自分に気づく。三年前と全く同じ会話を繰り返したに違いない。

ただ、今回の昇級試験、「保留」ではあったけれど、三年前の歌唱力とは、相当な開きができていると、自覚できる部分がいくつかある。秋季セミナーでは、きっと合格祈願を達成してみせる、と自分に言い聞かせて、「受けてみます」と、返答した。

三月十五日、江差追分資格認定審査会。三年前と同じく、辻旅館に泊まり、山田さんと受験。四級秀を取得して五年目、未だに三級になれないまま「講師」試験を受けるとは、気恥ずかしさもさることながら、まず自信が無いので緊張をさせられる。

資格認定審査員は、近江八声・小笠原次郎・房田勝芳・長谷川富夫・浅沼和子・渋田義幸の江差追分会の最高権威者ばかり。指導を受けたことがあるのは、小笠原・浅沼・渋田の三先生で、馴染みの感はあるが、長谷川先生は全く知らなかったので、かなり緊張してしまった。

いつ、難問が充てられるかと、ドキドキしているうちに審査は終わりを告げてくれた。私がホットする以上にセミナーで指導した先生方がホットしたように感じた。また私が型破りな返答をするのではないかと、気配りしてくれていたのではないだろうか。今年の秋のセミナーでは、きっと三級を取得しますからと、思わずにはいられなかった。緊張しただけに、口には出さなかったが、温情ある対応に志から感謝した。

その二日後だった。巻頭の言葉［はじめに］で紹介した民謡名人佐々木基晴師匠からのハガキが寄せられたのは。

「…。（部分引用）弟の住家美唄市との事。懐かしく思いました。基開さん［作者註：石井建三さんのこと］とは、尤も親しく民謡交流しております。基開さんは民謡の他に演歌が上手です。ブラジル渡伯の時は、ブラジルの日系人に持て持ての方です。小さなグループですが民謡を親しむ仲間一同で楽しくおつき合いしています。今後とも…。」

北海道には日本民謡協会公認の民謡名人が四人［佐々木基晴・松本晁章・山本ナツ子・青坂満］いる。そのうち、三人とは面識があり、会話も書面も交わしたことはあるが、基晴師匠とは、面談の記憶が曖昧で、書面の交流も無かった。神戸の建三さんのおかげで、これで、北海道の民謡名人すべてと繋がりを持てたことになった。本を書いたご利益かもしれない。建三さんに感謝しなければならない。

一〇、帯広まで

五日後、待ち続けていた書簡が江差から届いた。祈りを込めて丁寧にハサミで開封する。

間違いなく確かに合格！江差追分会公認の「江差追分会の講師」の認定を受けた。嬉しさと幾らかの恥ずかしさを感じながら、今度こそは三級で、「ありがとう」を言えるよう頑張ると、また決意を強くした。

お陰で嬉しい口説きになるが、この月、二回も名刺の作り直しをした。一回目は、道連盟の議長を退任したので議長の文字を削らなければならない。せっかく出来上がってきたところに、今度は江差追分会「講師」を書き加えなければならない。苦労して得た「講師」のお墨付きを書き加えないではいられない。

三月の月末統計には、江差追分歌唱数二八四回、総数二一、五九三回。日民の師範教授申請。紋付染め直し出来る、一〇三、〇〇〇円也、が記録されていた。日誌を読むと、やる気十分の感がある。

四月になって、またも名刺の作り直しをした。道連盟の議長を降りて、少し肩の荷が下りた気分を感じていたら、旭川から四月二十六日の連合大会のプログラムが郵送されてきた。

話は前年に戻って、八月十七日。次期役員人事について道連連合委員会の三役会が開かれた。田中委員長は、体調不良で入院、手術が重なって、退院はしたが、全快の感がない。

これ以上の職責遂行は困難なので辞任したい。後任には辻副委員長を、と名指しで推薦して、入院中の病状を写した内臓の写真を見せたりした。

病状は理解できるけれど、私はまだ道連盟の議長をしていて、とても大組織のトップの兼務は考えられない。実は道連連合の執行部は田中委員長を先頭に、副委員長、三役、監査に至るまで、今まで隆盛会支部ですべてを背負ってきた。そこに二人の副委員長のうち一人だけ外部の著名な会員が入って、役員構成されてきた。外部から入った副委員長は、枯れ木も山の賑わいの一本と同じで、実務は連合大会の参観者に向かって、開会の言葉か閉会の言葉を述べるだけ。肩書が一つ増えるだけだから、指名されたら特別な事情がない限り、断る理由もないのだ。

私の前の副委員長は江差追分会札樽地区運営協議会会長だった吉田翠山師匠。その後釜に私がなって、今度は田中委員長の後任として、私が就任したら外部の会員としては初めての道連連合委員長の誕生ということになる。

田中委員長の提案に、反対意見はない。役員がみんな門下生だから反対する訳がない。私が委員長に就任したら、場合によっては、役員たちから孤立する可能性も生ずるかもしれない。私は私の後任になる副委員長に、名寄支部の若槻五郎さんの名前を挙げて、彼を副にしてくれるなら委員長を引き受けてもいい、と条件を提示した。

とっさの思い付きで、若槻さんの了承は受けていないが、彼は道連盟の理事をしていて、実直で、理事たちからも信頼を得ている人物だった。

三役会の結果は、田中委員長と私の提案どおりに決まった。日民本部に報告して了解を得られたら、次年度の新役員として全会員に通知する、という段取りで終了した。ひと月ほどして、支部長会議の案内が届いた。

十月十一日、道連連合委員会支部長会議。そこに本部の長谷川柏龍専務理事が列席していて、どっきり。

三役会の結果報告があって、もしかしたら新役員の挨拶も要請されるのかと思って緊張していたが、三役会どころか経過報告すらない。

長谷川専務理事の挨拶が、そのまま問題提起に移行していった。田中委員長は、人事案件など無かったように、長谷川専務理事の提案「北海道道東連合委員会設立について」の議事を平然と進行に務めている。おかしい。誰が、何時、何処で、そんな問題を提案したか。

案の定、道東・道北・十勝支部長たちから、はっきり反対意見が出た。「もう、何年も前から、毎年、北海道道東地区民謡大会は、やっていますよ。ややこしいですよ。」という反論に執行部からも本部提案に賛成の声は一つも聞かれなかった。専務理事は首をかしげて、「道東地区民謡大会が行われていたとは、知らなかったですよ。」と言って、照れ隠しだろうけど帰る時間を聞き出したりした。

田中委員長は、早速とばかり、「先生を飛行場へ送りますので、支部長会議、これで終わらせていただきます。」と終了した。

私は憤慨して、「みなさま、ご苦労様でした！」と叫んで、若槻さんに駅まで〈車で〉送ってもらった。

不信感をぬぐい切れず、即刻、田中委員長に抗議の書簡を送った。旅費は支給されていなくても、三役会は正式な機関の会議でしたよね。あの三役会での決定が反故されるとしたら、これは最早クーデターに近いですよ。民主的な話し合いで決定した組織機構を一部の権力者が勝手に破壊したことに等しいのですから。

田中委員長から直ぐに謝罪の返答文が寄せられた。三役会の決定を反故にする筈はない、確実に本部の組織部へ郵送した、あの時はどうも専務理事が急いでいる気がして、人事については話し出せなかった。道東連合委員会の設置については、朝倉初代委員長時代に、道北連合委員会も旭川にあることから、何かの機会に将来について語ったことが、日民本部に懸案として残存していたためではないかと。

私は、田中委員長は善良だが、今いち押しが弱いことに不満だったが、納得したと返信を書いた。遅かれ早かれ、次期道連連合委員長の件は、又の三役会か支部長会議で話し合いにはなるだろう。それまで、気に留めないことにした。

それで、平成二十七年になっても、道連事務局からも何の連絡もないので、なるようになるだろうと、開き直って静観していたのだった。

ところが、大会プログラムが送られてきて、連合委員長が自分の名前になっているのにびっくり。副委員長時代と同じく連合委員長も挨拶だけでいいのか。支部長会議で就任の挨拶もしていないのに、大会で直接、来客に挨拶をしなければならないとは。本部から審査委員長で来る金子利夫常務理事には、どんな接し方をしたらよいものか。又、急いで名刺の作り直しをした。

四月十六日、平成二七年度（公財）日本民謡協会民謡民舞北海道道連連合大会の前日、

一〇、帯広まで

山田實事務局長兼会計から、大会審査員長（本部派遣：金子利夫常務理事）の歓迎夕食会があるので、所定のところに集まるよう連絡があった。出席者は審査員二名（もう一名の審査員は当日、直接、会場へ来る）と前委員長の田中隆雄先生と私の四名。

「事務局長は来ないのですか？」と聞いた。

「私は役員がたと会場の仕込みの最中だから。いつも、そうだから気にしないで、やってください。」

「連合副委員長は？」

「副委員長は、呼びません。いいから、気にしないでやってください。料金は、あとで私が支払いに行きますから、こっちのことは気にかけないで、ゆっくりやってください。」

このやり方は、私の本意ではないが、田中前委員長がまるで来客のように礼節な振舞なので、店の内容も料金も知らない自分が一手に接待に回らなければならない。後刻、恥さらしになるかと思うと、酒の町、旭川の酒も、さっぱり味わう雰囲気ではなかった。

七時半を過ぎて、幾分、馴染んだ話し合いが出来かかったころ、山田事務局長の声が聞こえた。

「辻委員長、どうも。やっと仕込みが終わりました。」

私は慌てて、「うちの事務局長です。彼が一手に道連連合の会計から事務一切をやってくれている山田實さんです。」と、金子常務に紹介した。そして、山田さんも同席して、冷たいものでもと誘ったが、私は飲めません、会計の支払いに来ただけですからと断られてしまった。

翌日、大会当日。道連連合には、まだ私が入る余地はないようだ。開演前に役員室は、田中前委員長・山田事務局長・筆耕担当の木戸政文監査・バイトの集計係の女性二人と私の六人になっていた。

あと何分後に、開会式の舞台で新連合委員長の挨拶の時がくる。もういい加減に前委員長から何らかの引継ぎがあってもよさそうなものを。何日も前から待っていたが、ついに、私からお願いするように言った。

「田中委員長、山田事務局長さん、何か会務の引継ぎをしてもらえませんか。」

「ない、ない、何もないです。」と同時に同音で返ってきた。「いや、特別無ければ、いいんですけど・・・」

私は、執行部に支持されていない委員長なのか?これから相当な苦境に立たされることになると、悟らなければならなかった。

一〇、帯広まで

開会式では、三隅新理事長代理で挨拶に立った金子常務から、新委員長の辻先生の活躍を大いに期待していると激励されて、本部からも連合委員長として認められたと、やっと嬉しい気持ちにさせられた。

しかし、何時間もしないうちに、とんでもないことが判明して愕然としてしまった。賞状に印刷された連合委員長の名前が前委員長の田中隆雄になっていたのだ。賞状を印刷する段階では、まだ平成二十七年度の新役員名は未決定だったのだ。

今朝、開会式で新委員長・辻義彦と客席にも挨拶しておいて、賞状で田中隆雄と読むのは、かなり異常な感じが発生する。ここは新委員長が判断するところ。

賞状のプレゼンターを依頼していた二人の副委員長に「大変、不本意ではあるが、田中隆雄を辻義彦と読んでください。そして、受賞者には、不信感を与えないように、前もって事情を伝えておいてください。」

ということで、初めての記念すべき連合大会に、惜しくも大会賞状に自分の名前を残すことができなかった。

翌日、協会本部から「指導者資格認定証」(資格：師範教授　専門：民謡)が送られてきた。指導者としては最高の位だ。

もう、これ以上の資格は無いのだから、もっと喜べる筈だが、連合大会の残務処理が気になって、浮かれた気持ちになれなかった。

連合委員長就任のあいさつも兼ねて、全会員へ宛てて文章を発送した。

平成二十七年四月吉日

道連連合役員並びに会員の皆様

道連連合会員の皆様、先日平成二七年度公益財団法人日本民謡協会民謡民舞連合大会に参加され、運営、出演、応援と終日熱心にご活躍されまして、さぞかしお疲れだったことと存じます。おかげをもちまして、協会賞争奪戦を最後に大きな盛り上がりを見せて盛会裏のうちに終了することができました。ありがとうございました。

わたしは新任の委員長で自分の居場所も定まらないで、山田事務局長の仕事ぶりを眺めているだけの存在でしたが、同室で筆耕を担当していた木戸政文さんも同様に顔を机から離す合間もないくらい忙しそうにしていらっしゃいました。大変な仕事の量で、後日、検討の要ありの感を強くしていたところでしたが、やはりミスが発覚しました。

入賞された選手の皆様は、賞状を見て驚愕の声をあげられたのではないかと思われます。

道連連合委員長：辻義彦とあるべきところに前任者の田中隆雄師の名が書かれていたのです。それを清野初恵副委員長も若槻五郎副委員長も、そして当のわたくしも参観者に気づかれないように、「田中隆雄」を「つじ　よしひこ」と音読しなければならない羽目になったのです。

前代未聞の惨事でした。まさに、歌舞伎の「勧進帳」、安宅（あたか）の関で弁慶が主人の義経を庇って頼朝の追っ手の前で白紙の書付を読み上げたのと同じ情景を思い浮かべました。でも、この方法が、この場を救う一番の良策としたら、それぞれ不満はあっても我慢せざるを得ないのではないか。こうして最終の賞状授与の行事を終えさせて戴きました。

まだ、腹の虫が収まらない入賞者の方がいらっしゃるかも知れませんが、どうぞ新米委員長の願いに免じて、この一件を収めさせて戴きたく存じます。

さて、「木を見て、森を見ず」という言葉を耳にすることがあります。目の前の一本の木にばかり気を取られていると、山全体の形や木の動きを見失ってしまう、という意味合いです。同じような意味合いですが、私は連合委員長という重責を担うようになって、次の言葉を座右の銘にして運営の実践に当たろうと考えています。

「着眼大局　着手織細」視野はつねに全体に向けながらも、行動はすこぶる慎重に緻密にという意味合いです。協会本部、道地区委員会、道連連合、各会会員の皆様の動きを上から下まで見通して、風通しの良い連合委員会つくりに邁進したいと考えております。
どうぞ、旧来の役員と新任の若槻五郎副委員長ともども、今後ともよろしくご支援お引き立てのほどお願い申し上げまして、大会の御礼とお詫びと新任のご挨拶に代えさせていただきます。思う存分、民謡をお楽しみくださいませ。

以上の文面を発送するよう伝えたら、山田事務局長は自分にも責任があるからと謝罪文を書いて、FAXで送信してきたので、私は閉口してしまった。彼は委員長でもないのに連合委員会を背負っている心算なのだろうか。責任感が強いからという理由で事務局が解決にあたる問題ではない。組織内での不祥事は機関である委員長が責任を取るもの、ましてや人事に関してである。前年八月の三役会議で決めていたことを、新年度が発足した現時点まで放置していたところに、問題の発端はある。だからって田中前委員長に謝罪してほしいなんて思ってもいない。今は、新体制を中心に役員・会員一丸となって次年度の方針の実現化に向けて結束を強固にすることが急務の時である。山田事務局長には、お願いして謝罪に関しては委員長の私だけにしてもらった。

おかげ様で、新委員長の挨拶に異議や反論の声も聞かれることなく粛々と連合業務は進行されていった。


五月一日、大会本部から、「浜益道中唄」の伴奏テープと楽譜を郵送するように催促があった。協会創立六五周年記念大会に「浜益道中唄」を唄うので、その伴奏を本部に依頼していたからだった。松木友一さんから直伝された唄で、二年前、道連大会・高年二部で四位入賞した記念の唄でもある。

協会の六十五周年記念大会を目指して、二か月余り、江差追分と浜益道中唄のコラボ練習が続く。久しぶりに東京へ出向となると、やはり気が浮き浮きしてくる。江差追分まで調子に乗ってきた気分になる。唄いだしの時、額と目を上向きにすると、声が伸びる実感がある。小さな発見のようで小気味よい。メリ・ハリは極端にしないで滑らかにしたほうがよいとか、きっと誰かが言ったことを、実感しているだけかもしれないが、それでも、自信には繋がってくる。

七月四日、東京品川のきゅりあん会場での記念大会は、本部の大條(おおえだ)由雄先生の三味線唄付で練習はたったの二回だったが、まあまあの出来だった。

「浜益道中唄」は、いつの間にか、わたしの記念の唄になってしまった。恐らく全国の民謡人たちの前で、東京で「浜益道中唄」を最初に唄ったのは私なのだ。余談だが、三年後の平成三十年の全国大会では、札幌松樹会の田湯明子さんが高年一部で唄っている。

翌日、七月五日は帝国ホテルで記念祝典・祝賀会。そこで、旭川から来ていた山田弘さんに逢って、新理事長の三隅治雄先生と並んで写真を撮ってもらった。これも偶然の出来事だが、「六五　次代の向こうへ！　民謡民舞」のプログラムには大会会長が三浦朱門となっている。突然、鬼籍に入られて大会会長名を訂正する時間を見いだせなかったのだろう。今もときめき舎のホールに、額に入れて三浦朱門の横に飾ってある。

この後、江差追分だけの練習が続く。

月末に（公財）日本民謡協会北海道地区委員会が札幌ホテル全日空で開催された。道連連合委員会は北海道地区にまだ加盟していないが、来年度からの大事な大会の話があるので、ぜひ出席するようにと、封書ではなく、電話での直接の連絡であった。

引け目があるので他の連合委員会のお偉方と顔を合わせたくないないが、気分で行動を決められるものでもない。

定刻に会場に着いたら、すでに役員の皆さん、勢ぞろいしていた感じだった。知っている顔ばかりだったが、北海道地区委員長召集の連合委員長会議に出席するのは初めてだから、緊張する。

「お世話になります」と恐縮して言ったが、委員長の不愛想な「ご苦労さん」の一声が耳に入っただけで他の委員長たちからの言葉は聞かれない。失礼ではないか。いくら、道連連合が地区委員会の大会に参加していないからって、これでは突端から喧嘩を売りつけるようなものだ。今日の会議は、地区大会に不参加を続けている道連連合を説得するのではなくて、攻撃するための会議なのか。それで部屋中が暗い雰囲気になっているのか。田中委員長が、委員長を辞任したのも、こんな雰囲気に耐えられなかったことも、原因しているのではないだろうか。

道連連合の新委員長の紹介もなし、挨拶もなしで、一枚のプリントも提示しないで地区委員長の口頭説明が長々続いている。そして、話の途中から、「来年は道北連合委員会の当番で、旭川で大会を開催することに決まっているけど、道連連合さんは地区大会について参加する意思はあるのですか」と、聞き出してきた。

私は腹が立っていた。「これ、議長もいないし、開会の言葉もないし、会議とは言えないではないですか？」という内容の発言をした。

地区委員長も感情を露わにして、「ここは北海道民謡連盟とは違う。日民本部の会議だって議長を立てないで関係役職者が説明に立って、質問を受けて、承認を得るようにしている。」という内容が返ってきた。

「正式な会議なら議事録を後刻、郵送でもして貰えますか？」

勿論、議事録は郵送できる、という返答が戻ってきた。

私にとって、相手の言動に攻撃的になるのは、近年珍しいことだった。こんな諍いをするために、この場に来たわけじゃない。

来年から、道連連合委員会は北海道地区大会に参加することを最大の課題とする。そのために、次回の道連連合支部長会議に必ず提案して、決定をはかる段取りでいる。決定できるかどうかは、支部長たちの意見の大勢によることだから約束できることではないが、可決に全力で取り組むことは約束できる。そんな状況で各連合委員長さん方の強力なご支援をお願いしたい。という内容を発言したかったのだが、険悪な雰囲気が先走って、私の本意がよく理解されないまま地区委員会は終了してしまった。

翌日だったか、佐藤地区委員長から、電話が来た。かなり、立腹しているのが語調から感じ取れる。まだ地区委員会にも参加していないのに、言いたいほうだいで会議の進行を妨げた。議事録を送れなんて、どこの連合委員長からも、未だかって言われた試しがないし、送ったこともない。会議の中身は他の委員長がたには了承されたのだから、結論としては道連連合にも議事録は送らないから、というもの。

「決定違反だ、それ!」私も開き直って語気を強めた。もう、紳士の仮面は無かった。もし、電話でなくて、二人が対峙していたらと思うと、ぞっとする。

数日後、議事録として会議の顛末が丁寧に記録されて私の手元に送られてきた。やっぱり、後々のことを考えてくれたのだ。今度は私が責任を取る番だ。

九月二十五日。件の道連連合各会代表者会議(支部長会議のこと)の日は来た。

前年、連合委員長に名が上がるようになって以来、そして四月に委員長に就任して以来、ずっと考え続けて、失敗したら連合委員長辞任をかけての覚悟で、「道連連合委員会は平成二十八年度から北海道地区大会に参加する」を提案した。数年も継続審議に賦されてきた議題だったが、今は道連連合相談役で前委員長の田中隆雄・隆盛会支部長は、無言を貫いてくれた。門下生の事務局長兼会計の山田實さんは、

「今や協会は公益財団法人となり、定款も変わり、本部と連合を結ぶ間に地区委員会が連合委員会の上部組織として存在して、地区大会の存在を無視することは、難しくなってきているのが実情です。会費が上がって会員減の心配はありますけど、いつかは踏ん切りをつけなくてはならない時が来るわけですから、やむを得ないのではないでしょうかね。」

私が提案理由を述べて、賛成を願おうと思っていたのに、事務局長が説得に回ってくれた。仕方がないですね、というささやきが二、三聞かれただけで、質疑も反対意見も無く、穏やかに長年の懸案事項がいともあっさり承認、可決した。いったい如何、情勢は変化していたのだろう。せっかく首をかけて構えていたのに。でも、好かった。連合委員長に就任して五か月で、何年越しの大問題を早々に解決することができた。

私はすぐに佐藤勇一北海道地区委員長に報告電話をいれた。「わあ、よかったわ。ご苦

労さん、ご苦労さん。」目を細めて喜ぶ佐藤委員長の顔が電話の向こうに見えたような気がした。

これから道連連合委員会も地区委員会から継子扱いされることもなくなるだろう。これで、この件については組織的に完全に解決をみたことになった。

さあ、今度こそ、江差追分に専念するぞ。

十一月四日㈬、重い思いを込めて秋季セミナーの受講に向かった。相棒は仕事で来られないので私の一人旅。この時から受講者が講師先生を選択できる制度を採用するようになったようだ。受講者の声を反映して決まったことだろうけれど、人気のない講師先生にとっては、辛い思いが募るかもしれない。

開講式では、もう一つ変化があった。見慣れた江差町長の顔が、まだうら若い青年の顔に代わっていた。濱谷一治から照井誉之介に。講師陣に挟まれると息子か孫に見える。大きな町で民謡一門を開いている大先生が江差の講師先生に頭を下げている姿も面白いが、その講師先生が息子か孫のような江差町長に頭を下げているのも面白い。上には上があって、下には下があるのが、好いのかもしれない。

そんな下らないことを考えて罰が当たったか、あれほど練習を積んできたのに、またも結果は「保留」。もうぐうの音も出ない落ち込み。民謡酒場の席でも、流石に喉がざらついて好きな酒さえ通りにくかったのに、おまけに余興で舞台に出されて唄わされてしまった。何を唄ったかさえ覚えていない。明日からの対策を思案しなければならない。

「窮すれば通ず」という言われがある。事態が行き詰まって困りきると、かえって思いがけない活路が開けてくるという意味合いであろう。

失意のどん底で、何処から得た情報か記憶にないが、深川の滝本師匠に電話をした。

「今月、北海道東部地区格付け審査が、まだ残っているんだって。ぜひ、また三級を受けてみたいので、まだ間に合うかどうか、急いで調べてほしいのだけど。」

滝本師匠の口利きで、十一月二十九日、帯広市東コミュニテイセンターで開催されることがわかった。全部段取りして、長谷川(富夫)先生に頼んだから、ともかく行って、気のすむように受けて来い、という涙線が緩みそうな有難い返答だった。

出発の前日、十一月二七日の日誌。追分一二回、二尺五寸。声が七~八回目まで順調。帯広の格付けは、この高さでいく。名人の追分節をバックミュージックに室内清掃。帯広・

一〇、帯広まで

練習用テープ装備。

二十八日。美唄発JR九：一五～札幌着九：五〇〇発一〇：一八～帯広着一三：一四。

何年振りかの早い大雪で、駅前は雪でつるつる。ホテルは駅近くのパルコで助かった。

当日、二十九日はタクシーで早めに受験会場に着いた。

一〇時から講習会。渋田先生だったか、菊池先生だったたか、三級以上の受験者は音符よりも流れを重視して、個性を出して唄うように。無理な話だ。こちとら、二尺五寸の高さの律管があるかなと心配したり、唄いだしがうまくいくかどうかが最大の問題なのに。

受付が一一時から始まって、格付審査が一一時三〇分からだった。受験順は受付順となっている。長谷川先生がやってきて、「審査順は何番になっている?」と、心配そうに耳元で囁いた。驚いて順番を言うと、「帰りは何時のJRの予定ですか?」と聞いてくれた。私が時刻表を見て、予定時刻を告げると、「それでは、順番が遅すぎる。帰りのJRに間に合わないかも。」と言って、傍から離れていった。少しして、また私のところへ来て、「順番、一〇番代に代わってもらったから、それで頑張ってください。」と言ってくれた。江差の格付け審査会で見た怖い印象の長谷川先生とは全く違って、すごく細かいことまで配慮してくれる優しい先生だった。地区運営協議会会長ともあろうものが、越境受験者にも、そこまで面倒をみてくれるのかと本当に有難かった。滝本師匠のお付き合いもよかったのだろうと感謝でいっぱいだった。反対に、これだけ世話をしてもらって、それでも保留になったら、どう償いをしたらいいのだという悲痛な思いも浮かんでくる。

順番が来るまで、誰もいない教室に入って、手持ちのテープで五回も唄った。孤独だった。

本番は、尺八奏者は知らない人だったが、ソイ掛けは、第三六回全国優勝者の片桐ルミ子さん。日民では、わが道連連合の釧路支部長。落ちたら、またまた肩身の狭い思いをさせられてしまう。

ついに、審査の時が来た。開き直りのせいか、江差よりも伸び伸びして声は出た。肝心の五節目は少し力みすぎて「止め」は息切れの感があったが、七節目だけは、最後の残っている息でたっぷり「のし」を利かせて唄かった。もう破れかぶれになっていた。結果が出たら直ぐ会場を飛び出そうと唇をかみしめて呼び出しを待った。

終わった順番に一〇人ずつだったか、別室で免許証を貰って、ワンポイント指導を受ける仕組みになっていた。

一〇、帯広まで

自分はもう追分の指導なんか如何でもいいから、早く結果だけを知りたかった。ついに順番が回ってきた。

「辻　義彦さん。三級、合格。おめでとうございます。」

周りから拍手が聞こえてきているのに自分のこととして感じられなかった。

「辻さん。」

「はい。」

「おめでとうございます。三級の認定証ですよ。」

「ありがとうございます。」

免許証を手渡してくれた先生の顔も名前も未だに思い出せない。認定証を受け取っても、まだ歓びの実感が湧いてこない。失敗と思い込んだ落胆が大きすぎて、喜ぶのにかなりの時間がかかってしまった。江差で不合格になって、まだ三週間しか経っていないのだ。帯広駅に着いた頃、じわじわと喜びの実感が湧いてきた。

江差追分を唄い始めて、ぎりぎり九年目で目的達成。絵馬に願掛けした元日の三級合格、最後の一月を残して、やっと完遂することができた。

早速、滝本師匠と山田都子雄さんに電話をした。おめでとうの声が弾んでいて嬉しかった。翌日、長谷川先生と片桐ルミ子さんに礼状。札幌の吉田翠山・函館の館和夫・野村勝繁・神戸の石井建三・辻旅館で馴染みになった横浜の永井春吉・ほか何人かには電話したりハガキを書いたりした。四級秀の時は聞かれなかったが、三級認定の報告には、殆ど「おめでとう」の言葉が返ってくるので、三級の重みと喜びをしっかり感じ取ることができた。

戯れ書き

☆　正しい基本の唄い方 <その１>

江差追分会館が出来て、間もない頃だった。旅行のついでに立ち寄って、物好きに「江差追分入門」のテープを購入した。

近江八声も初めて目にする名前。テープを流した途端に、「普通、話す声があれば、誰でも簡単に唄うことができます。」つい、唄えそうな気分になってしまった。

唄う前の三原則。

1. 発声法。できる限り大きく口を開けて、声を出すこと。OK, OK.
2. 息の吸い方。複式呼吸で、思いっきり息を吸い込み、お腹に力を入れて声を出すこと。・・・。
3. 正しい姿勢。喉・肩・首、・・・

（続く）

一一、年賀状

もう十二月。年賀状の準備に取り掛かる時期になっていた。十年以上、会う機会がなかった人には、悪いが欠礼をすることにしている。が、その年、新たに名刺交換した恩方には、新年の挨拶を書き送っている。

今回は日民の北海道地区委員長と各連合委員長三名、追分セミナーで知り合った長崎の平川波声さんと東京葛飾の矢下勇鷹さんを加えることにした。

年賀状では、毎回どんな挿絵にするかで時間を費やす。時間と言うより日数を費やす。それに、版画にするか切り絵にするか、着彩を施した具象画にするかと表現方法にも、かなり気を遣う。

まだ、図柄も決まっていない頃だった。ある著名な民謡歌手から電話があり、来春、何周年祝賀会を計画したので、その相談役を引き受けてほしいと依頼があった。自分が偉くなったようで嬉しくなって、喜んでと即答してしまった。すぐに後悔はしたが、この性格、まだ治っていない。

私を浮足にさせている理由が、他にも在った。江差で保留のどん底で悩んでいた最中、それも格付け審査のある前日の夜、すっかり忘れていたが、テレビロケが行われた。昼間、追分会の事務局から、ロケ隊が夜の江差の街にロケに入るから、江差追分の宣伝になるから、誰か居酒屋に行って飲んでいてほしい、という話だった。皆さん、遠くから時間と経費を掛けて来ているのに、格付け審査の前日に飲み歩く輩は絞られてしまう。ひがみ根性か、受講生たちの何人かの視線が確実に自分のほうへ向かってきている気がする。

結果、「私が行きます。」と、なった。

江差には、知る人ぞ知る追分夫婦が遣っている小料理屋がある。店主の旦那が尺八を吹き、ママは唄い手であるが、客が唄うとソイ掛けもしてくれる。客は、もう一人・東京葛飾から来ていた受講生、矢下勇鷹もいた。

その時の様子が、十二月一八日㈮一九時三〇分〜二〇時四三分まで、ＮＨＫ総合全国放送「のんびりゆったり路線バスの旅スペシャル」で放映される、チラシが担当ディレクターから送られてきた。チラシには旅人役で登場している俳優の内田朝陽さんと野間口徹さんのカラーの顔写真も就けられている。

全国放送のテレビに出されるなんて大ごとだ。親戚、友人、北海道・本州の民謡仲間にまで、「十二月十八日、俺が出るから見てよ！」と宣伝してしまった。これも、後で後悔してしまった。何十人にも言いふらしてしまって、いくら天下のＮＨＫでも、もし都合で放映中止になったら、放映されても、もし自分が写っていなかったら、名誉丸つぶれのうえ、皆に嘘をついたことになる。一八日が近づくにつれて、笑顔が消えていった感じだった。

　そして、十八日、放送が始まって一時間も経過したころ、画面は夜になっていた。ようやく旅人は江差に辿り着いた。新地町の味処「やまもと」に夜食を取りに入ったところで我々と面会した。店内では客の私が主役のようで、独酌をしながら、美唄から江差に来ると決まってこの店に寄っているとか、店の主人やママを紹介したり、矢下さんを尺八の名手と紹介したりした。途中から矢下さんの尺八とママのソイ掛けで私が唄い、ついには主人の尺八でママが唄い、ソイ掛けを私がするという、まったく予想外の場面が展開されてしまった。

　三平汁の小骨を口元から手で抜いた場面から、ママの追分にほろ酔い機嫌でソイ掛けした場面まで見ると、七分・八分もテレビに映ったことになる。

放映中に何人もの方から、テレビに映っているよ、と電話が来た。日本中のかなりの人がテレビを見たと思うと、ちょっとしたスター気分を味わった感じになる。年末の土壇場になって、念願の三級合格や、忘れていたテレビ出演と放映。それも、執念の江差追分でテレビに出演できたとは、好いこと尽くめ。江差追分のお陰で、生涯に二度はあり得ない出来事を体験させてもらった。

さあ、今年もあと二週間。年賀状を急がなければならない。降ってきたように年賀状の画面構成が浮かんできた。

うだつの上がらない中年男（若干、自分臭い）が、乳飲み子を横において、晩酌の独酌をしている。（セリフは吹き出しにする）

幼　子：トウチャン、ソロソロ　オイワケノ一節でもキカセテクレヨ。

中年男：うるせえ、注目しろ！　オレがテレビにでてるじゃねえか。

この時から、私の年賀は　花や風景をやめて、生活の体験記をギャクグ的に描くようになった。

一二、十二年目の勲章

喜びに満ちて平成二十八年元日を迎えた。次の目標は、小休止を挟みながら「三級秀」に向かって、ゆっくり学習を積むこと。

吉田翠山先生との約束は三級までだったから、もう辞めることに一切の拘束はないけれど、美唄追分会の八人の門下生のことを思うと、辞めるなどという状況下にないことを自覚した。追分唄おう会員さんの熱心さを思うと中断することなど出来はしない。

一月八日、今年も長姉の部屋壁に貼る年賀ポスターを描いて届けたら、肝心の当人より直姉妹が喜んでくれた。

長姉はポスターなど眼中になく直姉妹が持参した正月料理を続けさまに食べていた。きっと施設の食事には飽き飽きしているのかもしれない。

月末に神戸の石井建三さんから珍しく電話が掛かってきた。二月の追分セミナーは江差に行くのかという話。勿論と応えると、宿泊は辻旅館かと聞く。勿論と言うと、実は今度のセミナーに息子の久幸も行くので、宿も辻旅館にしたので面倒かけますけど、よろしくという親ばか発揮の電話だった。分かりました、と建三さんとの話が済むと、今度は当の久幸君から直々の挨拶。そんなに改まられると、こっちが緊張してしまう。

セミナーでは相棒の山田さんと久幸君が気が合ったようで、びっしり話し込んでいて私の出番は殆どなかった。それに、進級試験は山田さんも私も「保留」で、久幸君は一回で「四級秀」を取得した。父親の建三さんが神戸で特訓して、息子を江差に送り込んだ勲章だと羨ましく思ってしまった。

帰路、江差の外れにある「ぶんてん」という大型スーパーに寄って、ゴッコ二尾と岩ノリを買った。辻旅館の女将に料理法を教わってきたので、自分もゴッコ汁を試作して美唄の追分仲間にご馳走するためだった。江差の魚だもの、食べたら追分上手になるべさ。追分は急には上手くならなかったが、料理は大成功だった。

四月。長姉の卒寿（九〇歳）の祝いに、直姉の傘寿（八〇歳）、私の喜寿（七七歳）の三つの寿祝いをした。次女は入院中で欠席。

翌月の施設訪問日、妹が、直姉が骨折で来られなくなったことと、次女が亡くなったことを告げると、長姉は悲しそうな表情をしたように見えた。自分の直ぐの妹が先立ちしたことを少しは解ったのだろうか。

思うに、このころから長姉の表情はだんだんと変化がなくなってきていた。

私の場合は、直姉妹より少しばかり遠方になるのと仕事の多忙さを理由に、特別の用途がない限り、施設訪問は月二回で合意されていた。それから四度目の訪問だったから六月のはじめだった。

もう話しかけても、長女姉さんの返事も聞かれなくなったね、と話し込んでいたら、「ヨーちゃん、猫　こわーい！」と突然、死んだ妹の名前を叫んだ。妄想に取りつかれたのか、驚いたのは我われ三人。如何したのと、一斉に長姉のそばに駆け寄ると、今、何秒か前に起きた出来事は跡形もなく消えうせて、「あんた方、何者？」という顔つきで三人を見返してきた。少し時間が経過すると、また、いつもの無表情にもどってしまう。

九月十八日、第五四回江差追分全国大会で空知の佐竹春敏がついに全国優勝を果たした。昨年、一昨年と二年連続準優勝の後だったから、どれほど優勝まで苦しい日が続いたか。感激は、これだけではなかった。滝本豊寿率いる深川追分会では、熟年の部で、石崎忠雄が準優勝、植田克己五位、一般の部では今広志が決勝戦五〇人の中に入っていた。同僚の快挙にただ驚くばかりだった。

今度こそ、自分も頑張らなければと、秋季セミナーを申し込んだら、受講生が定員に満たないので今期は中止になりました、との返答。追分会員も、ここまで減少してきたかと感じない訳にはいかなかった。

九月二十九日は、真駒内滝の霊園の新墓へ、日蓮宗の僧侶と読経をお願いして、お袋の遺骨を納骨した。

十一月になって、直姉の骨折も治って、軽く乾杯。長姉にぐい呑みの酒を少量流し込んでやったら、抵抗なく飲み込んだ。「何だと思う?」と聞き返したら、「お酒」と余りにも明快に即答したので、みんな、驚きの声。認知症と味覚は別なのか。食べっぷりを見ていると食欲は衰えていないようだ。

つつがなく二〇一七年(平成二十九年)の新春を迎えた。

目標は、江差追分昇級・韓国語習熟・執筆の具体化・パソコン熟達と、近年、毎年恒例になっている感じ。どれも成果となって俄かに形に現れにくいものなので仕方のないことかもしれない。

この頃になると、回数より具体的に節度・もみ・本すくりなどの基本型の習得を目標に唄ったり、聴くようになってきた。小笠原次郎師の「とめ」を真似たり、青坂満師の「もみ」と「本すくり」を同じ速さで真似たりとか、唄い「出し」の流れを松村守治師に真似たりとか、名人たちの本唄部分だけテープに採ったりして、多忙な生活は従来どおりだが、気持ちに緊迫感が無くなって練習を楽しめるようになってきた。

二月十五日、恒例の江差追分セミナーに、また山田さんの車で出向いたが、両者「保留」となった。それでも、四級秀や三級を求めていた頃のような悲壮感、焦りというものが殆ど無くて、明日の師匠研修会では、何が学べるかと楽しみにしている自分をどこかに感じていた。

三月十五日、協会の全国地区委員長・連合委員長会議に出席のため、東京へ旅立ち。前年はホテル東横イン品川駅高輪口にしたが、今年は協会本部会館に最寄りのホテルをということで、前年十一月から東横イン品川大井町に予約をしていた。それで航空料金もかなりの格安になる。東京には全国大会と連合委員長会議と年に二回しか来られないから、上京のときは、見物も兼ねてたっぷり日数に余裕を持たせて来ている。金曜日に予定されている委員長会議には、水曜日に出発して、三泊四日の旅程。会議の前日には決まって会議のある建物の前まで行って、下見をしている。毎年の全国大会では五泊六日の旅程。趣味を満喫している生活。妻と民謡仲間には感謝しないではいられないから、必ず土産を奮発することにしている。

三月二十一日、満七八歳の誕生日。新作原稿の出版計画を練る。眼が悪いし、視力も弱いからパソコンには、四時間以上、向き合わないことを決める。

四月十五日、ほとんど一年ぶりに、妻と同伴して長姉の施設を訪問した時のこと。

「おねえさん、こんにちわ。わたし、・・・」

「分かりますか?」と妻が聞く前に、なんと妻の名前を言い当ててしまった。妻は、「嬉しい」と叫んで義姉の首に抱きついていった。これには皆、声も出ないほどびっくりした。いつも介護に訪れている姉妹の名前も言えないのに、殆ど一年もご無沙汰していた弟の嫁の名前を言い当てるとは。認知症って、なんと不可解な病気なのだろう。これでは、いつも介護に当たっている者の顔つぶしになってしまう。幸い、姉妹は元もと病院勤めの看護婦だったから、私ほど驚愕度はないと思うが。とにかく、認知症の病状は一貫性がなく、その時、その場で記憶や思考が激変するようだ。

七月七日。そろそろ墓参の日を決めようと施設に行ったら、先に亡くなった次女の娘が来ていて、たった今、帰ったばかりだと言う。「母の遺品を整理していたら、中からお祖母ちゃん（辻トキエ）の手帳が出てきたので、手帳を届けるついでに皆の顔も見たいので、叔母さんに案内されて来た。」私がカメラ屋に寄って遅れたので、帰ってしまったらしかった。申し訳ないことをしてしまった。

道に落ちていても拾う人もいないだろうと思うほどの古ぼけた手帳。こんな手帳でも届けに来てくれて、さすが次女姉の一粒種だ。

中にはお袋の下手な文字で歌謡曲が十数曲、鉛筆で書かれてある。自分と同じで民謡だけでなく歌謡曲も好きだったのだ。空白ページが続いて、お終いの方に、文の頭に黒点を付けて、何行かのメモがあった。

〈大事にすること〉

- 立つより返事〈先に返事をすれ〉
- 他人の見えない所では　いくらでも辛抱すれ〈他人の前では　けしてけちなことするな〉

※辛棒を辛抱に訂正：筆者

- 仕事より支度〈それなりの支度をしてからかかれ〉
- 仕事は往復〈仕事をする　行くときはそれと　来るときはそれと〉
- 仕事に追われるな。仕事を追え。
- 他人に感謝のできる人間になれ〈必ず忘れるな〉
- 他人の前では絶対自慢話をするな〈他人に嫌われるから〉

※文字が薄くて鮮明でなかったので活字に書き写して、直姉妹にも渡した。平成二十九年七月八日。

お袋が鬼籍に入って一〇年経っていた。尋常小学校四年までしか行っていないのに、これだけの人生教訓を残していたとは。お袋の〈大事にすること〉を真面目に守ろうと思った。

お袋へ一言

お袋は、あの世からとっくにお見通しだと思うけど、この原稿が製本された暁には世間の人にも知られることになるけど、去年、お袋の遺骨を新墓に納骨する際、極秘で親父の骨も一掴みほど混ぜ合わせて埋葬しました。寂しさを防ぐ気配りと思ってくだされば有難いです。では、冥土の世界をお楽しみください。

私は現世での楽しみを追求する。その一〇日後、美唄江差追分唄おう会員六人は、江差・奥尻・北斗の三泊四日の親睦旅行を実施した。早朝、美唄をJRで出発して、函館からバスで江差まで。四時近くに到着して、そのまま江差追分会館へ。もう昼の行事は終わっているからと、無料で入館させてくれて、江差追分会事務局次長の三好泰彦さんが姥神祭りの案内と映画、二階で追分の歴史を懇切丁寧に説明してくれて、みんなして感謝を申し上げた。下に降りてくると事務局長の小田島訓さんが、すでに我々が会館に来ていると辻旅館に連絡してくれていた。至れり尽くせりのサービスで、みなさん、感動してしまった。

旅館の夕食も抜群だった。鍋や煮魚の外に、予定外のイカの刺身とアワビの刺身まで卓上に盛られていた。女性群のはしゃぐ声で、男二人、中島さんと私は酒の力を借りても負けそう。宴も盛りに、誰かがテレビに出た「やまもと」へ連れて行ってと言い出した。

「やまもと」での歓迎ぶりも凄かった。マスターが追分会館で観光客に見せる口上をやってくれて、用意してくれていた専属の女性のソイ掛けで、ママが江差追分を唄ってくれたのだ。一〇年間も年に二・三回も来ているのに、私も初めての拝聴だった。本物の江差人が唄う江差追分を聴いたのは、うちの会員たちにとっては、恐らくはじめてだったに違いない。言葉に表せないほど感激してしまった。

幸せ充分で「やまもと」を出て、「帰るぞ」と言ったら、「まだ八時じゃない。なんぼなんでも早すぎない！　カラオケ、無いの？　カラオケでも行こうよ。」

こうなっては、いくら師匠でも止められない。さんざん唄って、明日は船出が早いからと、一〇時前には旅館に引き上げてきた。

翌日は、江差就航九時三〇分。奥尻島まで二時間一〇分の船旅。奥尻港フェーリーターミナル二階に大きなみやげ店、辻みやげ店が一つあるだけ。（ここでも辻とは：筆者感想）

小雨が降っていて、釣竿を中島さんの分もと二本買って持っては来たが、浜に降りる気はしない。やむなく、島めぐり観光バスをぼんやり待つ感じだった。

でも島の民宿の夕食は、これまた特別サービス付きで良かった。民宿小林と宿泊代を交渉したとき、二食付きでウニだけなら八、〇〇〇円、アワビを付けると一〇、〇〇〇円の内容だったので、アワビは昼間の観光中に食べるからと、八、〇〇〇円コースで契約していたのだが、夜の料理には、ウニは勿論、アワビが一人に二個から三個の人も、イカ刺身まで大皿に溢れるばかりの大盛。向かいの高齢者の同期会の席は、気品のある人格者の風貌から察して、恐らく一〇、〇〇〇円コースの予約と思われるが、料理の中身は我々と全く遜色が無かった。ひょっとしたら美唄からの手土産「くるみ餅」に、宿の主人が気分を好くしたのかもしれない。

翌朝の出航は、朝六時五〇分。六時の朝食にも、イカ刺がたっぷり。アワビよりもイカ刺が好きな私は、殆どご飯は食べないで、お腹の具合を気遣いながらも満腹を味わった。

三日目の宿は、北斗市本町、旅館「たねだ」。この最後の夜も、夕食で鱈腹満たした後、スナックでカラオケ遊興。初めての土地の店で、一人二、〇〇〇円の交渉は大変だったが、今では楽しいいい思い出になった。

旅行の楽しい思い出が影響しているかもしれない。実は今年の五月に美唄民謡連合会は解散に追い込まれてしまった。

一時は民謡会だけで一一会派あり、会員一人八枚の入場券を販売すれば、美唄市民会館八一〇席を満席にできたこともあった。

しかし、昨年、創立四十周年記念祝賀会を終えたばかりなのに、高齢化と会員の急激な減少で、二つの会派と会員一三名しか残らなくなり、連合会の存在価値が無くなってしまった。やむなく美唄民謡連合会四一年の歴史を閉じざるを得なくなってしまった。併せて四名だけになった鏡峰会の会員も、それぞれの理由から先を見据えて、解散に踏み切ることにした。

この時から、別な方法で新たな民謡会の創設を考え続けていたら、あの江差・奥尻・北斗の旅行中、船中で、「先生、わたし、普通の民謡も習いたいのだけど、追分会の会員は駄目なの？」という有難い話から、一気に追分会で新しい民謡会設立の機運が高まりだした。

追分会を始めた当初から考えていた。高齢者時代になってしまった。もう若者相手のようには、夜の練習は出来ない。殆どの人が年金暮らしの生活だ。民謡に興味のある人が、お金の心配をしないで気楽に来られるようにしなくてはいけない。一般会員のように、民謡組織に入って、資格の取得を望んだり、大会出場を望んだりもしていない。民謡三、〇〇〇円、三味線五、〇〇〇円では、もう実情に合わない。ボランティア価格で一人、せいぜい一か月、一、〇〇〇円ぐらいにしよう。

そうして、九月六日、美唄民謡シニアグループ「鶴声会」〈かくせいかい〉を誕生させた。メンバーは江差追分会より一名多いだけの九名。少人数だが、意欲が感じられて、指導にも力が入ってくる。

九月十五日、江差追分全国大会、四泊五日。

十月四日（公財）日本民謡協会民謡民舞全国大会、五泊六日。精力的に予定の行事をこなす。

十一月八日　追分秋季セミナー。いい流れになっていると自認して、今回こそはと勇んで一人JR出発。五泊六日。又も三級秀に成れず、「保留」。悔しいが、如何とも致し難い。自信喪失のまま帰郷。

十二月二日、新聞で、平成天皇の退位が決定され、平成時代の終了を三十一年四月三十日とすると報道される。

十一日、姉の介護施設、定例訪問。毎回、「この人、だあれ？」と尋ねても、名前を考えている様子も感じ取れなくなっていたのに、この時は、「おちーちゃん」と無表情のままだが、私の子どもの頃の名を呼んだ。ただ、それだけ。半世紀以上も前のことを、瞬間的に記憶回復して、即、認知症の世界へ逆戻りする。認知症って何なのだろう。

二十六日の今年最後の訪問のときは、猛吹雪で全道のＪＲが殆ど運休しているなか、やっと行ったというのに、「お早う」の挨拶も返ってこなかった。姉妹に促されて、早々に一六時、札幌発ライラック旭川行きに乗って美唄へ引き返した。

次の日も、また次の日も降雪は止まないで、ときめき舎の除雪は年間契約で業者に依頼しているが、待ちきれないで手作業でも少しは雪除けをしないではいられなかった。狭心症の病持ちだから、極力無理に力を出すことは注意をしていたが、腰を痛めてしまった。

結構な痛さを感ずる。変更してからの正式な名前は分からないが、かっての美唄労災病院が近くにあるので、行こうとしたら、もう年末年始の休業に入っていることが分かった。これでは、如何しようもない。降雪を悔しく眺めながら腰痛を抱えたまま、年末年始を迎えることになってしまった。

一二、十二年目の勲章

二〇一八年(平成三十年)、恵まれた元旦、快晴、気温プラス四度。昨日の大晦日、腰痛と腹痛のため、午後八時に寝た。紅白歌合戦を見ないで寝たのは、物心が就いてから初めての経験。

二日、気温プラス二度。こんな温かい正月、かって在ったかと思うほど。腰痛は幾分回復ぎみだが、まだまだの感じ。江差追分セミナーと師匠会の提出書類、残念だが腰痛回復の見込みが立たないので欠席と記入。

深川の山田都子雄さんから、「追分の指導者資格」二人分申請しておくから、と電話。

「準師匠! とんでもない! それに、いま、病人なのさ。腰痛で、セミナー欠席のハガキを書いたばかりなの。無理、無理、無理。」

「大丈夫だって。それまでに治るから。追分の練習だけは、しっかりしておいてよ。」

結局、同意した形になってしまった。追分を唄って見たが、腰痛をかばって上っ面を撫ぜているだけで、とても練習と言えるものにはならない。

翌日は気温〇度。降雪あり。腰痛、回復せず。妻が心配してときめき舎の前の雪掻きをしてくれた。

四日も腰痛治らず。昼でときめき舎を早退。

五日。妻の車で美唄労災病院へ。Ｘ線とＭＲＩ、どちらも異常なしとか。ときめき舎でも、横になれるようにと、折り畳み式簡易ベッド「リクライニング・ベッド」を購入してくれる。

こんな様子を見かねて、会員の黒一点、中島さんが何度も早朝から除雪に来てくれたり、必要以外あまり顔出しをしない妻が頻繁に様子を気にして来てくれたりした。腰痛は怠け病なのか、無理をしなければ徐々に回復に向かっているようにも感じた。

月末統計は、一月はひと月、腰痛で過ごした。江差追分歌唱数三四回とは、本当に腰痛だけのせいか。体調、気力の衰えはないか。

二月八日、四回ほど通った美唄の病院を諦めて、麻酔科で有名な札幌白石区の十善クリニックで治療を受けた。ベッドに寝かされ、四〇分ほど点滴をして、麻酔をかけ、ブロック注射を打って、痺れが回復した頃、終了する工程。美唄では、Ｘ線写真を撮って、異常なしを判断して、シップ薬で治療する工程だった。治療法がまるで違う。「一回では治りませんからね。二〜三回、来ることになると思いますけど、頑張ってみてください。」病院を出るときは、すっかり腰の痛みは消えて、流石と感動して岐路についた。ところが、地下鉄白石から乗って札幌駅で降りたころは、また以前と同じくらい腰痛が重苦しく復活しだしていた。やっぱり、専門の麻酔医でも、私の腰痛は簡単に治せないようだ。だからって、今更、また美唄の病院に行くわけにはいかない。快復するまで泣き面しているしかないのか。

三月十四日には、協会の全国地区委員長・連合委員長会議に向けて上京しなくてはならない。もし、連合委員長会議を欠席するようなことになれば、職責を全うできなかった訳だから連合委員長を辞任しなければならない。

会議は金曜日の十六日に開かれる。十八日の日曜日　には、江差追分指導資格認定審査がある。中十七日、一日では美唄へ戻る時間の余裕は無い。東京からまっすぐ江差へ戻る旅程を組まなくてはならない。腰痛に堪えても、この二つはどうしてもやり遂げなくてはならない。相棒との約束も絡んでいる。追分資格は個人に被るものだが、ここまで来ては美唄の会員たちとの関りや、相棒との関りから全く個人問題とばかり考えてはいられなくなる。

苦肉の策で、「江差追分反省記録」をまとめて、それを教訓に練習を重ねることにした。

☆体操して柔軟な身体作りをしてから唄う。

☆舞台に上がる（唄う）前に、胃袋補給等、絶対にしない。痰防止と喉の清掃。三級以上

は脱譜面。流れ（情緒）の重視。味：のし。技：本すくり

☆一節目の成功が七節までの成功につながる。

呼吸（吐く息のタイミング）、姿勢（真正面に目を据えて、顎を上下させない。親指を握って格好よく。）、速度（普段より速めに。二四秒、前後）。全体の目安としては、二分四〇秒前後で唄いきる。

☆淡々と正確に五節に向かって盛り上げるように唄う。

☆特に一節目は、力まず・素早く・弾んで、「二声上げ（のし）」を生かしつつ、呼吸に余裕をもって「止め」に入ること。

☆練習順：一回目は呼吸トレ、二回目は声トレ、三回目から本稽古。気持ちと体力の統一が大切。

〈七節について〉

・節　度〈三九か所〉は、何のためにあるか？（二つの役割）

一、追分の節目をなし、唄全体の流れを引き締める。

二、「止め」まで唄を続かせる。

・も　み〈二〇か所〉はやく、やさしく、なめらかに。

- 本すくり〈一二か所〉先人の唄を手本。反転・ため・速度
- 半すくり〈八か所〉「ため」がない。下向きに。
- す く い〈六か所〉節度と同じく節目をなすが、止めない。「のし」を入れるとよくなる。深みを出して瞬時に弾ませて、「二声上げ」に入る。
- 二声上げ（のし）〈一七か所〉確実に意識して「のす」こと。「すくい」から続く場合は、ひと声めを長めにする。

〈以上、貫徹すれば昇級可能〉

体調管理と追分審査で、気力も体力も破裂しそうな気分のまま、東京出発二日前になった。もう時の流れに身を任せるしか仕方がないが、もう一日、自分のために使えそうだ。用心のため、再度、十善クリニックで麻酔の治療を受けることにした。

出発の前日、緊張しているせいもあったかもしれないが、腰痛がさほど苦にならなくなっていた。全快はしていなくても、麻酔治療の効果が表れてきたと思えるだけで、旅立ちの心が軽くなる。

おかげで、腰痛に苦しむことなく、東京での三日間を、予定通り完遂することができた。

初日は、新宿と新大久保のコリアンタウン（韓国街）の探索。翌日は上野公園で桜の花見をしながら西郷どんの銅像を眺めて、そのあと有名なアメ横見物とみやげ買い。三日目、金曜日は本命の委員長会議を無事に済ませて、夕方はぶらり新宿歌舞伎町の観光。

明日は午前一〇時に羽田空港を発ち、一二時前に函館空港に着いて、午後一時半ころバスで江差に向かい、四時少し前には、山田さんと落ち合うことになっている。

東京へ出発前は、体調が回復して、無事に江差まで辿り着けるかを、どれほど心配しただろう。

函館駅前から江差行きのバスに乗り継いだときには、安堵感と一緒に疲れもやってきて、幾度か睡魔に襲われたりした。

辻旅館で山田さんと再会したときは、認定試験なんて如何でもよい、無事で東京へ行って戻ってきたのだから、もう何があっても安心だと思うばかりだった。

山田さんはファイト満々で、明日の提出問題の予想を熱っぽく語って、私を元気づけようとしている。さすがに、この時は一四の年齢差を意識してしまった。六七歳からの江差追分挑戦は、遅かったのか。

翌日の審査順位は、又も私が山田さんの一つ前。準講師、講師審査時は午前だったが、準師匠の今回は午後からになっていた。遠く道外からの受験生を、終了時間を考慮して優先させたのかもしれない。

この時の資格認定審査委員は、委員長：渋田義幸、副委員長：長谷川富夫・浅沼和子、委員：小笠原次郎・房田勝芳・菊池　勲。江差追分の最高権威者ばかり。すでに、全員、顔なじみの先生だが、審査を受ける立場だけに極度の緊張をする。

最初に一番苦手な、「モデル曲の評価」の審査の曲が流された。身を固くして耳を澄ますと、なんと何度も聞いたことのある声と節回しで、仰天。師匠研修会でも聞いたことがあって、同じ唄だったから、すぐに誰が唄っている唄か分かってしまった。すると親しみが沸いたのか、急に緊張感が解けて、リラックスになって、口走ってしまった。

「この唄、空知の前田栄子さんの唄ですよね。師匠研修会でも聞きましたから、覚えています。」

先生がたはニヤリとするだけで、誰も応答をしてくれない。私は続けた。「前田さんとは、追分の会は違いますけど、北海道民謡連盟の空知地区では、同じ役員で、よく覚えているのです。」

「追分の感想を述べてください」審査委員長の声。

私は、はっとして余計なことを喋っていると気づいた。モデル曲の唄い手を当てる審査ではないのだ。いま聴いた追分の批評を言わなければならない。

いつか、講師先生が言ったことを、復唱するように頭に思い浮かべる。評価の観点は、「三級以上は、音符よりも流れの重視」、「のし・節度・もみ、が流れるように自然に続くように」

「丁寧に基本の形を、唄っていますが、メリ・ハリが小さいというか、五節なら五節の盛り上がりが感じられないというか、全体的に盛り上がりが感じられない気がします。

そんなことを強く感じました。」

それでは、あなたはどのようにして唄いますか?と試されたらギブアップするところだが、一節目の指導の方法を実演したら、「いいですよ」と言ってくれて、唄わないうちに終了してくれた。

一月からの心配種が、これで、すべて完了したと思うと、もう結果はどうでもいいと思ってしまった。腰痛も、心配と同時に活躍停止に至ったようだった。

山田さんが審査を終えて、戻ってきた。どうだった、と聞くから、「不明」と答えると、「俺もだけど・・・」と言ったが、満更でもないような顔つきだった。帰りに、また車中で、「大丈夫だ。受かっているって。あれだけ高い認定料を取って、落としてごらん。一〇人、落としたら、江差追分会の運営費、何十万円の損害になると思う？」

成程。そういう発想もあり得るかも。でも、それも程度によるだろう。箸にも棒にもかからない者を、恐れ多くも北海道無形文化遺産「江差追分」の指導者の端くれに推薦することは無いだろう。

三月二十四日、遂にと言うか、待っていたと言うか、江差からの書状が届いた。間違いなく江差追分会「準師匠」認定の正式な通知書。嬉しさのあまり「青天の霹靂」と思えた。江差追分を修業して一二年目の勲章だった。

三月は自分の生誕の月。腰痛に耐えたおかげで、七九歳の誕生日と準師匠合格の幸運が一緒にやってきてくれたのだ。

戯れ書き

☆　正しい基本の唄い方 <その２>

待てよ。腹式呼吸ってどんな呼吸法なのだ？　これが理解できないでは、前に進まれない。「大辞林」で探す。

＜横隔膜の上下運動を主とする呼吸の型＞

ますます分からない。横隔膜も分からない。今度は「家庭の医学」の内臓図で探す。それでも、機能は不明。

次に「現代　新百科事典　５」で探す。

＜主として横隔膜を上下させ、胸郭の上下径を増減して行う呼吸＞むずかしい。

結局、私の腹式呼吸は、テープと同じく、「思い切り息を吸い込んで、お腹に力を入れて声を出すこと」にした。複式呼吸、今も理解できないままで、江差追分を唄っている。

これだね、いつまでも上達しない理由は。

一三、三筋の縁

第五章で、昭和五七年(一九八二年)路線上の違いから師匠の会から独立した経緯を述べた。それでも、年に二度は空民連大会などで、生徒さん方に唄付けする師匠の姿を拝見できるので、楽しみであった。会員さんたちも私の会員たちと歓談し、民謡の仲間同士として親交を深めあうのは、ごく普通に行われていた。それが何十年も経過すると、空民連のなかでも、鏡峰会のなかでも、私の師匠が西岡先生ということが、いつの間にか忘れられていった。

そんな頃だったか、拙著『北海道民謡交友録　袖すり合うも民謡(うた)の縁』を出版した。そこには師匠との生々しいぶつかり合いと、しかし師匠に寄せる弟子の確固たる信頼も書き綴った。その新書にサインをして、恥ずかしながら師匠に郵送した。もう十一月になっていた。

まもなく、師匠から、奥様の代筆だったが、女性らしい淡黄色の便箋に、三味線も思うように弾けなくなって、老いを感じる今日ではあると前置きして、丁重にお祝いと感謝の言葉に合わせて、知人にも読ませたいからと拙著の注文と「ご祝儀」の金一封まで恵贈してくれた。そのペン字の達筆さといい、文章の巧さといい、何度も読み返してしまった。かえって迷惑をかけることになってしまったと、年末の諸行事を終えて、新しく年を迎えた正月の五日に、初めて砂川の師匠宅を訪問した。

図々しい性格は知られているから、言われるままに上がり込んで、師匠は缶ビール二本か、三本くらい、私は日本酒四合も飲んだろうか、すっかりいい気分になって、何十年ぶりで師匠の舞台から離れた実像に話し込んでしまった。

若い時、民謡で旅回りをした話の中で、聞き覚えのある福居天童という名前が出たのが印象深かった。彼は盲目の三味線の名手で、三味線を弾きながらハーモニカも吹いたという。師匠はまだ駆け出しで、幕引き役で幕に包まって、天童師細君の霧島はるみさんの江差追分節伝説の語りを夢中になって聞いていたと言う。

そして、半世紀以上も前の舞台を回想しながら、霧島はるみの口上をすっかり再現した。

「江差追分節　伝説」

伝説の花は　流れて蝦夷地に咲く、あわれ悲しくメノコの恋の唄。

戦いは勝ち虚栄栄華を極め平家一族にあらずんば人間にあらずと、
おごる平家を八島壇之浦に滅ぼし、巨将誇りし九郎半官義経も兄頼朝と不和となり　追われ追われて蝦夷地日高の国　平取の地を安住の地と定めた。

酋長の娘モリネゴは都の人　若き義経に思いを寄せ、ついにわりなき契りを結ぶ身となった。しかし執拗に迫る鎌倉方の追っ手に抗しきれず　荒波を超え大陸に渡る決意を固めオカモイ岬より蒙古に逃れた。メノコモリネゴは義経恋しさに三日三晩泣き明かした泣き声が、江差追分節になったと言われております。(完)

西岡師匠から、まさか江差追分の語りを聞かされるとは思いもしなかった。この日の記念に、資料としても執っておきたかったので、プリントをお願いして、戴いたのが先の伝説文である。

私は、この話が現在の札幌天童支部の支部長、二代め福居典子と関係があるような気がして、妙に印象に残っている。

そんなことがあってから、また二・三年、年賀状だけの親交が続いた。
ある日、江差追分の練習の後で、ふと思った。自分の民謡師匠は津軽三味線の西岡尚志ただ一人、と前作で大見えを切った割には、師匠の生い立ちや三味線歴などについて何も知っていない。年齢だけは知っていたが、住居は二・三年前の訪問時に、やっと覚えたばかり。自分の生活に関係ないことには、関心を持たないことを主義にしていたが、高齢になったせいか、今は師匠について、今のうちに聞いておかなければという切迫した気持ちが無性に高まってきていた。私は師匠に手紙で心情を訴え、面談を申し入れた。

西岡　尚志　様
先生、ご無沙汰しております。時々、舞台で先生の三味線姿を拝見して、三味線もまだ健全だと嬉しく思っています。
今日は手紙で変てこな質問をしますが、ぜひ聞いてくださるようお願いいたします。私は来年三月二十一日で満八〇歳になります。先生より七つ歳下です。多分、これが自分の人生最後の作品になるとの思いで、駄文を承知で、随筆「江差追分　奮闘記」（仮題）を書き出しています。

一三、三筋の縁

私は、三つの大きな民謡組織に加入しています。北海道民謡連盟と公益財団法人日本民謡協会と江差追分会です。ご存じのとおり三味線も唄も下手です。

それでも、先生には大変申し訳ないのですが、北海道民謡連盟でも（公財）日本民謡協会でも試験で貰える資格は、すべて取得しました。組織の役職も上部を極めた感じで、日民の北海道連合大会では自分の名前の入った賞状を授与するまでになりました。

その中で、江差追分会にだけ無役で一会員の自分が居ました。ここでは、一つも見栄を張る必要がないし、また何年たっても上達ぶりが見えてこない状態で、ただ悪戦苦闘の自分が居るだけです。この江差追分に悪戦苦闘の奮闘ぶりをするのが、本書「江差追分　奮闘記」（仮題）のテーマなのです。

ところで、私の民謡歴を振り返ると、どうしても出発点で指導を受けた西岡先生が出てくるのです。先生との出会いが在ったから、そして路線の相違から苦しい別れが在ったからこそ、今の地位に辿り着くことが出来たのではないかと考えるようになりました。

先生の凄いところは、最後まで自分の信条（私に言わせれば、「津軽のじょっぱり」）を貫いたところです。もし、途中で組織の押し付け（権力）に負けて、適当に講師程度の資格でも取得していたら、私の尊敬する師匠像は一変していたでしょう。お陰様で今でも、先生は私の人生の唯一の民謡師匠です。私の命ある限りです。

ところが、先生のことについては、誕生日以外には全く知っていないことに気づきました。どこで生まれたのか、どんなふうにして三味線に接近していったのか、何も分かっていないのです。

最近、駄文を書き始めて、自分の師匠の人生を殆ど知らなかったことについて、ほかの物事に対しても自分の無能さを曝け出しているようで、凄く落胆するのです。芸より人間性が先だと、普段、口にしているくせにと、ここでも不甲斐ない自分を見てしまうのです。

先生、近日中に一度先生と面談する機会を設定してください。

昼間、美唄ときめき舎で一杯飲みながらでもいいですし、どこか砂川の焼き肉屋でも居酒屋でも結構です。必要時間は二時間ほど。最長でも三時間。午後の早い時間帯で、気軽に話し合える処でしたら、どこでも結構です。

土曜、日曜以外であれば、先生が日時を指定してくだされば、私は場所を探します。どうぞ、ご面談くださいますよう重ねてお願い致します。

平成三十年六月二十五日

話はとんとん拍子に進んで、再来週木曜日、午前一一時、師匠の希望により美唄ときめき舎を面談場所に決めた。

師匠は、「家内も、ときめき舎に行ってみたいと言っているのだけど」と、遠慮がちに言ったので、「どうぞ、大歓迎です。」と、即答した。奥様も見えるとしたら、どんな持て成し方をしたらよいやらと、碌な準備も思いつかないまま、当日になってしまった。

当日、予定時刻ぎりぎりに師匠一行は、娘さんの運転で奥様と三人で来た。飲み物、食べ物、手土産と大変な気遣いをしてくれた。娘さんは、帰る時刻になったら電話してと言って、すぐに戻っていった。

宴たけなわと言うほどではないが、二、三人の出入りはあったが、最終的に師匠夫妻と私と手伝いの門下生と四人になった。

話は、ここからが山場になる。ここからの記録は、師匠の目の前でメモしたものと、テーブルの下でそれとなく録音したものを、後刻、聞き写した文との合作であるから、聞き取りミスや話の中途からの録音であったりして、それに酒席の作業も災いしていて、文意が必ずしも理屈に合わない箇所があるかもしれないが、ご容赦を願いたい。

師匠は昭和七年生まれ。青森県中津軽郡船沢村大字細越（ほそごえ）。形が全く船の形をしていたので船沢村。家は食べるだけのコメ作りはしていたが、りんご作り農家。食糧難の時代で難儀した。

一六歳の時、同級生の成田善蔵が、近隣の藤代村（ふじしろむら）大字小山（おやま）の小山貢（みつぐ）に三味線を習っていることを聞いて、自分もやってみたいと一緒に通うようになった。

「貧乏してたから太棹（津軽三味線のこと）買えなくて、二、〇〇〇円で細竿の三味線を買って、その頃はまだビニールはなくて絹糸だったから、よく切れてね、三味線の糸買うのに、「米、精米して来い！」って言われたら、一斗一升あったら半端な一升をくすめてさ、夜はこっそりリンゴ箱に二つぐらいリンゴをくすめて、糸を買ったもんだった。」

半世紀以上も前のことだから、今は笑って回顧できるのだろう。

小山貢は馬車で怪我をして、足が悪かったので農作業の仕事は他の人のようには出来ないので、三味線も片手間にやっている感じだった。

貢の家は雑貨屋さんだったと思う。まだ舗装道路が出来ていない頃で、三味線を唐草模様の風呂敷で包んだり、リュックで担いだりして夢中で自転車で通った。

練習の合間に、貢のお母さんが出してくれる漬物が美味くてね、ありがたかった、忘れられない。でっかい皿というか丼とかに、山にして出してくれて、それを二人ですっからかんに食べたこともあった。

三味線店でおしゃべりしたのも楽しかったと、述懐した。

自分が札幌に居たとき、東京に行っていた貢から東京に出てこないかと、手紙が来たことがあったけど、俺はプロになれないと断った。

そして、思い出したように三味線ケースから小さな鉄製の笛を取り出した。

「これ、貢に東京から買ってきて貰った調子笛だ。」と、五〇年前から三味線ケースに入れて持ち歩いている逸品を、いかにも大事そうに口に挟んで音を聞かせてくれた。

西岡師匠の話を聞きながら、小山貢とは、ひょっとして三味線界の大御所、日本民謡協会の相談役に君臨している小山貢翁のことではないかという思いが脳裏をかすめた。

最初の巡業は一九歳のとき、昭和二十七年ごろだったか。函館の巴座で一週間ほど巡業した。浅利みき・原田栄次郎・木田林松栄・松前ピリカとも一緒で「東奥日報」にも載って、嬉しかったね。

我々、見習いは、大先生がたより先に現地に行って、街中を前宣伝してビラを貼ったり配ったりして、マイクもない時代だったから歩いて太鼓叩いて、「俺は太鼓も叩けないので、喋れって言われて、喋るのも苦手だけど、仕事だからやらないわけにはいかないから、手にイヤホン持って、教えられたように叫んで歩いたよ。

（たった三本ほどの缶ビールで、師匠はいい感じになってきたようだ）

〽ご当地の皆様、本日、はるばるやって参りました私たち一行は、今晩六時より開催される津軽民謡・座長大会、浅利みき一座と・・・。半世紀前に覚えた口上をすらすら言ってのけた。

師匠の奥様も、接待用に控えていた私の門人も手をたたいて大笑いをした。

座長くらいになると、浪曲みたいにテーブルに卓子掛けを掛けて唄った人もいたとか。

「座長が浅利みき、女座長なんだ？」

「気を使う人でね。楽屋で俺が三味線練習していたら、自分は着物を畳んだりしながら、さりげなく鼻うたで唄ってくれるのさ。そして、よされの〈盃　片手に　眺むれば～〉の振りの部分、三味線、少し速いっしょ、と言ってくれたりしてね。すごく有難かったよ。」

原田栄次郎と松前ピリカの江差追分の掛け合いもよかったし、初代福居天童と奥さんの霧島はるみの江差追分伝説が、又ジーンときて何とも言えなかった。当時、巡業先の主な公演場所というと田舎の民家であったり、空き小屋であったりで、舞台は仮設。幕といっても緞帳などという代物でなく、自分のような芸見習いの若僧が大きなカーテンを手で締めたり、開けたりしたものだった。

そして、思い出したように切々と、「伝統の花は流れて、蝦夷地に咲く、あわれ悲しくメノコの恋の唄。・・・義経　恋しさに　三日三晩　泣き明かした泣き声が　江差追分になったと言われております。」と全口上を感情たっぷりに再現して聞かせてくれた。

二回目の巡業は、工藤みえ子座長率いる「むつのや演芸団」。これには殆ど西岡師匠が三味線伴奏を受け持ったとか。一座には、上磯出身の金谷美智也（後の三橋美智也）が居て、やはり唄が上手くて、座長が自慢して毎度のように、「うちの美智也、うちの美智也」とお客に紹介していたとか。この時、まさか、いくら金谷美智也が美声で唄が上手くても、後日、歌謡界で日本を風靡する天才と呼ばれる一流歌手になるとは思いもしなかっただろう。（これは、わたしの感想。）

プロ芸人と言っても座長級はともかく、大抵は、夏は地もとで家業の農家を手伝って、冬場の仕事ができなくなるころに芸人として一座に加わって巡業にでるらしかった。一回の巡業が五〇日の長旅になることもあるという。楽しそうには語ってくれたが、経過が一本線につながらない。聞き損じてしまったのか、推測するしかないが、師匠がプロの道を断念したのは、時代の変化と昔ながらの巡業の在り方に不安を感じたからではないだろうか。

昭和四十八年、私が西岡師匠に三味線指導を願い出た頃、師匠は砂川に住んでいて、すでに砂川と美唄に三味線指導に来ていた。正業は大工だと言った。家業の農家を継がず、芸人にもならず、綺麗さっぱり新天地で生まれ変わったつもりで給料取りになり、三味線を趣味で教える道を探索したに違いない。

最近では、松木友一さん（第三回日本民謡大賞受賞、「石狩追分」、「浜益道中唄」の作詞・作曲者）と樺太の慰労訪問に同行したのが、どこでも拍手をたくさん貰えて、楽しかったと言っていた。

娘さんが迎えに来て、本当に楽しかったと言って奥様とも帰っていった。私は楽しかったばかりでなく、途方もない収穫を得て、得も言われぬ幸福感に満たされていた。師匠の言う小山貢は、日民協会の小山貢翁に違いないと確信したからだった。翌日、協会発行の住所録をみて、小山貢翁に手紙を書いた。

小山　貢翁　様

見も知らぬ者からの突然の書簡に、先生の貴重なお時間を拝借することを大変申し訳なく存じますが、お許しください。

昨日、平成三十年七月十二日、私はある事情から四〇数年もご無沙汰していた唯一の民謡師匠（三味線）、西岡尚志師と奥様と娘さんとも面談しました。

私は西岡師匠の生年月日を知っているだけで、生まれた場所も稼業も生い立ちも、師匠の先生の名前も知らなかったものですから、会えた嬉しさで、根ほり葉ほり聞き出しました。

西岡尚志、出生は青森県中津軽郡船沢村大字細越。船の形に全く似ていた船沢村の名がついた。産めや増やせの食糧難、戦争時代。小学校の児童数は八〇〇人もいたとか。西岡家は田んぼで食べるだけの米は作っていたけど、本業はリンゴ農家だったが、家族が多かったから難儀したとか。

一六歳の時、同級生の成田善蔵が、近隣の藤代村大字小山の小山貢（おやまみつぐ）に三味線を習っていることを聞いて、自分もやってみたいと一緒に通うようになった。

貢の家は雑貨屋さんだったと思う。舗装道路なんかできていない頃で、三味線を唐草模様の風呂敷で包んだり、リュックで担いだりして、自転車で通った。

練習の合間に、貢の女将さんが出してくれる漬物が旨くてね、有難かった。忘れられない。トモエ三味線店で、お喋りするのも楽しかった、と懐かしそうに思い出を語った。

私は西岡師匠の話を聞きながら、このとき、ひょっとして小山貢とは三味線界の大御所、日本民謡協会の相談役で輝いている小山貢翁のことではないかと思ってしまったのです。

これが、本当だったら、物凄い奇縁ということになります。

私の師匠が西岡尚志、そのまた師匠が我が国最高峰の三味線大御所、小山貢翁師匠。恐れ多くも、私は小山貢大先生の孫弟子ということになります。

西岡師匠は、私にすれば、「津軽のじょっぱり」で、北海道民謡連盟以外、どこの民謡組織にも加わらなかったし、いかなる組織の資格も取らなかった。

彼の信条は、「民謡は資格でするものじゃない」の一点張り。この路線上の違いが西岡師匠と長い間決別していた理由なのです。

私も師匠なしの一匹狼、西岡師匠も師匠なしの一匹狼、と長い間思い込んできたのですが、もし、これに小山貢師匠が繋がれば、こんな名門ルーツがあったのかと、今までの孤立感は一瞬に解消して、私の民謡人生最大のハプニングとなり、慶事となります。

私は、三味線も唄もテープと教則本で勉強しました。色物と言われる一般民謡は、「三味線文化譜（節付譜入）藤本秀丈民謡選集」、津軽物は、「三味線文化譜　五線譜付き津軽三味線　小山貢民謡集」。それで何年も修行しました。本当に素晴らしい奇縁・喜縁・希縁です。

どうぞ、先生が青森県中津軽郡藤代村大字小山の小山貢様であることを祈りながら、お返事をお待ちしております。それによる西岡師匠の喜びの表情も見たいです。お厚かましく出しゃばりまして申し訳ありませんでした。

平成三十年七月十三日

（公財）日本民謡協会道連連合委員長　辻　義彦（S十四・三・二十一生）

二週間ほどして、西岡師匠夫妻宛にも手紙を書いた。先日は、酒をおかずに面白可笑しく修行時代の話を拝聴できて、夢心地の一日であったことや、翌日、すぐに小山貢師匠宛に手紙を送ったことなど。

　小山貢大先生から返事が届いたら、すぐ西岡先生に知らせようと待っていたが、どうも直ぐには返事は貰えそうもないようなので、待ちきれなくて、今こうして、西岡先生に先日のお礼の手紙を書いているということを。

　そんな訳で私は、まだまだ待ち続けますので、返事が来たら直ぐにでも先生にお知らせしますので、ゆったり構えて待っていてください、という内容の手紙だった。

　しかし、秋になり冬になり、春を迎えて諦めかけた頃、私はとんだミスを犯しているのではと気づきだした。

　前年、平成三十年度の全国大会の折、会場ではお目にかかれなかったが、プログラムの「名人位・認定指導者名簿」を見れば、必要な情報は得られたのではないかと。ひょっとしたら、協会からの訃報のハガキを見落としていたのかもしれない。名人位のページを探してみる。名人位の下に小さなカッコがついていて、中に、薄く小さな活字で、星印は故人、と記されてある。

最初の名人は、津軽唄で知られた成田雲竹。名前の上に☆印が載っている。小山貢翁が名人でない筈はない。視線を二段目に移したところで五列目に小山貢翁の名前は載っていた。しかし、危惧したとおりに、頭に☆の冠を被っていた。名人に違いはなかったが、矢張りあの世に召されてしまっていた。

三人を繋ぐ三筋の縁は、これで本人からの確認は不可能になった。だが、私は絶対に諦めない。否、三筋の縁を信じている。小山貢翁の三味線の音に、西岡師匠の弦音が二重奏になって、私の耳奥から聞こえてくるのだ。

一四、令和の夜明け

私が道連連合委員長になって、前委員長と事務局長兼会計に違和感を覚えたのは、口をそろえて、「引き継ぐものは、何もない」と言いきられたときからだった。正直、がっくりしてしまった。十年以上も旭川隆盛会支部が実質的に道連連合執行部を担当してきて、新委員長に何一つ引き継ぎ事項が無いとは、あり得ないことだ。組織改革や教授会のこと、問題の北海道地区大会参加についての懸案問題もあるではないか。引継ぎがないとは、誠意のある返答とは思えない。この場に新任の副委員長若槻五郎さんが居れば、別な結論になったかもしれないが、私は執拗に聞き出す勇気は無かった。

「いや、特別、無ければ、いいのですけど・・・」と、異様な空気にならないように、言葉を濁した。

目に見える組織問題より、外来の役員を警戒しない信頼関係を作ることのほうが先ではないかと考えてしまった。

旧役員の仕事ぶりをじっくり拝見して、学び取ることを第一目標に、対応することにした。まず、自分自身、まだ協会本部から連合委員長としての正式なお墨付きを戴いていない。委員長面をしたら大変な反撃を食うかもしれない。暫くの間は、新米委員長の精神修養期が続くものと覚悟をしなければならない。

孤立感は神経を過剰に敏感にさせて、現況の行動範囲をも狭めてくる。七月四日の協会六十五周年大会に、伴奏者も未定のままで、安穏と出席して問題は起きないのかと不安になりだした。

この日、五月一日が締切り日だった。急遽、本部に伴奏者不在を理由に出席キャンセルの電話を入れた。

いま、大会部長の榎本秀水が留守なので、あとで事務所に見えたら、こちらから辻先生にお電話をしますから少し待ってください、という返事だった。

昼過ぎになって、直接、榎本大会部長から電話がきた。本部で伴奏を付けるからテープがあったら送ってほしいと回答してくれた。お礼の言葉を述べて、即、松木友一さん本人が唄ってくれたテープをダヴィングして、歌詞と音符も増す刷りして、一緒に郵送した。

これで、六十五周年大会には唄うことができる。一時はどうなるかと不安に追い立てられたが、まずは一件落着。

五日ほどして、道連連合の山田事務局長から、自分も謝りたいから委員長の文と一緒に会員たちに送付したいと、一文をファックスで寄こしてきた。山田さんは連合のミスを、すべて自分のミスと思い込んでいるのだろうか。今まで連合の仕事をすべて自分で引き受けていたために田中前委員長でさえ無言でいるのに、自分が責任を取らなければと思い込むようになったのだろうか。もし、私と事務局長と二人の謝罪文を全連合会員たちに届けたら、田中前委員長の気持ちとしては、どんなものだろう。微妙な立場になるのではないだろうか。

私は初め、少しばかり不愉快な気持ちになったりしたが、山田さんが新委員長に突端から恥をかかせたことを詫びているような気がして、嬉しく感じるようになってしまった。

そんな折、協会会報（四〇〇号、二〇一五年七月）が送られてきた。

表紙の裏面は、「理事長に就任して」の三隅治雄新理事長の就任あいさつ。

八代目三浦朱門先生は、一八年の長きにわたってご指導くださされた。私とは格が違うが、三浦先生の余光を浴びつつ、次のすばらしい理事長にバトンを渡すまでの代行の心積もりで、しかし、決して手抜きのつもりではない、と決意のほども覗かせています。

過去の業績、人柄をすべて承知で、三隅先生は日本民謡協会の最高位に推薦されたのですから、まったく遠慮は要りません。思う存分、力量を発揮してくださいと、願わずには要られなかった。

後半の部分で、民謡界で顕著に活躍した人の名を挙げていたが、そこに二人の北海道人を挙げていたのも嬉しかった。

函館では佐々木基晴師からは瞽女唄発掘の苦労、江差の青坂満師からは追分節の固定化と自由歌唱の両立の必要などの話に耳を傾けました、と。

日本民謡協会の存在と役割の重さが改めて思われる。だからこそ、人生最後のご奉公として旗振り役を勤めねばと自得しました、と述べている。

私も今回、連合委員長に就任したばかりだが、流石に全国区の指導者、スケールと深さの違いを考えさせられて、いい勉強させられたとつくづく思った。

ページは、「新役員紹介」へと続いて、六ページ全面を使って「連合委員会委員長」の一覧表（五六名：筆者註）が載っていた。

ここで、やっと自分の名前を見つけて、正式に連合委員長になっていることを自得した。

八月に入って、山田連合事務局長から来月開催予定の各会代表者会議（旧：支部長会議）の議案が要検討としてファックスで四枚ほど送信されてきた。例年通りの経過報告：会計報告：次年度連合大会の日程となっている。

私は覚悟を決めて、法改正の意義も加えて、「次年度から道連連合委員会も北海道地区大会に参加する」を新議題に盛り込むようプリントしたものをファックス送信した。

直ぐに私の書簡を読んだ事務局長から、「判りました。議題に盛り込みます。もう、そんな時代でしょうね。」構えていた私が、こけそうになるほど少しも動じた様子を見せなかった。それどころか、当然の議題だと言わんばかりにも感じ取れた。私は事務局長の言動を信ずるようになっていた。一点突破と感じていいのだろうか？　いや、失速は失敗の故。当日、どんな結論になるか、すべては各会代表者会議の決定如何によって、連合委員長の進退を自ら決めることになる。私は連合委員長に就任して、私の最大の使命は、道連連合を北海道地区大会に参加させることと決めていた。

北海道地区委員会からも、待ちきれないように佐藤委員長から様子伺いの電話が来たりもしていた。

「まだ、代表者会議の日になっていません。私も、この件については首をかけていますから、どうぞ静観していてください。結果は必ず、こちらから報告致します。」

代表者会議の前日に、山田事務局長から電話があって、「明日の会議の場所、委員長、分からないと思うので駅まで向いに行きます。旭川に到着の時刻を知らせてください。」

もう山田事務局長とは、かなり信頼関係ができている気がした。

翌日の私が連合委員長になって初めての道連連合委員会各会代表者会議の中身について、事務局長の大奮闘で新議題がすんなり可決したことは、すでに前、前の章で述べてきた。

懸案の議案解決をみて、やっと連合執行部の顔色を穏やかな表情で見ることができるようになった。

*相談役は田中隆雄さん。(旭川隆盛会会主)唄の技能は抜群。声も出る。若い時は、江差追分を一尺八寸で唄った。カラオケの先生もしている。

*辻　義彦　連合委員長(空知連合支部)

*清野初枝　副委員長(旭川隆盛会支部)。北海道民謡連盟太鼓指導委員長。太鼓技能、抜

群。その場で太鼓伴奏をお願いしても嫌な顔をしない。優しい。
＊若槻五郎副委員長（名寄支部）。「古調南茅部鱈釣り口説き」で日本一。唄と尺八。
＊山田實会計、事務局長（旭川隆盛支部）。メカに強く「石狩川流れ節」など数組織の事務局担当。
＊土田和子事業部長（旭川一笑支部）。新任。太鼓で専属出演。
＊梁取文雄事業部副部長（旭川隆盛支部）。日民全国大会連続出場。
＊木戸政文会計監査（旭川隆盛支部）。大会当日、一人で筆耕担当。本業、塗装業。筆字達筆、抜群。
＊柏木誠一（旭川隆盛支部）。事務局長の片腕。
私的な付き合いが殆どないので、少しは打ち解けて面談できるのは田中前委員長と山田事務局長くらい。こんな状態のまま、次の年度の大会を迎えることになる。

北海道地区には平成二八年になって、正式に入会を申請することになるが、すでに当年度の大会準備が進行している最中になるという理由から、実際に道連連合の会員が大会に出場できるのは平成二九年からになる。

平成二十九年は、二年に一度の役員改選の年。四月の改選の月を視野に、山田事務局長から人事原案が送られてきた。本来なら、最高責任者の委員長が采配を振るうところだが、全く日常の触れ合いを持てない状態では、現職の役員の特性さえ見ることはできない。まして一年と数か月で、役職に向く人材を探すことなど出きる筈がない。清野副委員長が改選になって、田中前委員長と並んで連合相談役になっている。

「これから地区委員会に加盟したら、仕事の量が増えるので、実質的に動ける地もとの人を副委員長に付けようと思って、清野さんを相談役に昇格させてもらって、柏木さんを後任に持ってきたのさ。」

そこで委員長に、清野副委員長に、その旨を伝えて頂くようにお願いしたいのさ。」嫌な役回りを私に振ったか。

「それはわかりました。ただ、若干、気になるのは旭川隆盛支部だけで会計と会計監査を占めるというのは、馴れ合い監査に見られそうで拙いように思うけど、どんなものだろうね。」とだけ言った。山田さんは、

「別に、今までだって何も言われたことないし、問題無いと思うよ。」と、自分の人事案を訂正する姿勢は見せなかった。

平成二十九年度北海道地区大会は、道北連合が主管して開催された。四月九日、旭川を流れる石狩川の岸辺に、まだ残雪が溶けきれないで、河川敷きを駐車場に予定していた大型車が、土手の上で待機しなければならなかった。初参加の道連連合からは三〇名の選手が出場して、入賞・優秀賞合わせて一三名の選手が賞を受けて、嬉しい気分にさせてもらった。

二週間後、平成二十九年度道連連合委員会の各会代表者会議を旭川市民会館で開催した。すべては山田事務局長の采配どおりに、議案は可決した。

地区大会の順番が回ってきたら、事務局の仕事が倍増することになるので、今までのように会計も事務も一人でというわけにはいかなくなる。会計と事務局を分離独立させたという説明にも、すんなり納得がいったようだった。会議の途中、途中で土田新事務局長が、山田前事務局長を、「山田先生」と呼ぶので、驚くものがあった。山田前事務局長は、他の役員たちからも格上の人と崇められている存在だった。

同年の北海道地区委員会で、三十年度は道南連合（函館）に決まっていて、すでに準備は進められている。翌、平成三十一年度は順番からみて、地区大会の主管は道連連合委員会になると決められた。

平成三十年の道連連合各会代表者会議では、次年度の北海道地区大会初めての当番連合委員会として、抜かりなく任務を果たすために、例年よりも特に緻密で具体的な計画を立てなくてはいけない。

前年の会議で四月第四日曜日は、江差の定例行事と重複するので、平日開催でも影響が少ない退職年金者が殆どだからと、次年度（平成三十年）からは、開催日を毎年、「四月第四火曜日」に決定した。併せて、連合大会日についても、小樽の「北海浜節」大会との重複を避けて、「八月第四日曜日」に決定した。

「平成三十年の四月第四火曜日」は、「二十四日」。事務局からの案内ハガキは、今年は早めに二月中には届くのでは、と心待ちにしていたが、そうはならなかった。三月には、各会では新年度会員名簿を、協会本部に送るものをコピーして、連合事務局にも郵送したと思うから、きっと各会へハガキは届くだろう。残念ながら、これも期待どおりにはならなかった。

ついに四月になってしまった。連合のような大組織の行事案内が、当月になってからでは、遅すぎるというより異常現象だ。ついに新事務局長の土田和子さんに電話した。土田さんも日時が迫って、案内ハガキを発送したがっているが、前事務長の山田さんが何やら渋っているようす。

今は会計専門の役職だが、彼の同意を得ないでは、何を如何操作するのか、役員たちも検討しかねている状態。前回の代表者会議で確認しているのだから、開催日について考える余地はない。直ぐにでも、案内状発送の準備に取り掛からなければならない。

私は、山田さんに元気ですか、と電話を入れた。元気のない、聞き取りにくい声が戻ってきた。

いや、元気がないですよ。病院に通っているのですが、検査、検査で時間を作れないでいるのですよ。それに、名簿が届いていない支部が二つほど有って、まだ、正確な新年度予算も組めないでいるんですよ。もう二回も検査入院してるのに、今週の○曜日、また検査入院すれって言われてるのさ。

私は言葉が詰まった。山田さんは現職のころ、国鉄で機関区係というのか、機関車の向きを変える作業をしていて、両足切断の大怪我をしてしまった。以後、両脚とも義足の生活になって、それでも民謡を止めないで、役員までも依頼されるままに引き受けて、今のような皆さんから信頼を得るようになっていった。その身体で車を運転して、私が役員会で旭川に来るときは、決まって駅まで送り迎えをしてくれていた。

とにかく、三十年度の代表者会議を開催しよう！　準備できないものは、こんな事情だから仕方がないさ。会員数の確認と大会開催要項だけでも確認できれば、会議の名目は立つ。

そして、予定より一週間遅れの五月一日（火曜日）、やっと三十年度の道連連合委員会各会代表者会議が開催された。

私は各会代表者の皆さんに訴えた。当面の大局は二つある。一つは、八月十九日の道連連合大会の成功。二つ目は、平成三十一年度四月一四日、吾が道連連合委員会が主管する「公益財団法人日本民謡協会民謡民舞北海道地区大会」を成功させること。いろいろ問題は山積していると思うが、大会が終わるまでは、すべて大会運営を重点にしていきたい。

有難かったし、嬉しかった。予算書は不備だったが、事情を察してか、私の話を全面受け入れてくれた。山田さんも、いつもの精彩ぶりはまるで無かったが、出席してくれた。

地区大会の会計については、山田さんと柏木副委員長にもお手伝い願いますので、御承知のほど宜しく願います。

ほっとする間もなく、地区大会実行委員会を開催したいので日時と場所を指定して知らせてほしい、と佐藤勇一地区委員長から要請があった。五月十七日に旭川トキワ市民ホールでの開催を決定した。

十七日、当日は地区から、佐藤地区委員長、道央連合泉章蔵委員長、道北連合三輪和矩委員長の三名。主管側からは、田中相談役、辻委員長、若槻・柏木副委員長・土田事務局長の五名が出席。山田さんは入院中。土田事務局長が微に入り細に入り質問してくれて、大会までの道筋が読み取れたばかりでなく、大会の要領、心得など主管開催の意思統一に大いに役立った。

第二回実行委員会は六月二十九日。柏木さんが山田会計さんの健康具合の間を見計らって幾度となく訪問を繰り返して、会計や事務局の要領を細かく聞き出す。それを土田さんが事務局部分を微細に聞き出して、会計予算や書類の企画に応用する。柏木さんと土田さんの真剣な取り組みに、胸を打たれた。並みの役員では、ここまで出来ない。

この日は、連合大会と地区大会の会計を別個に置かなければということで、地区大会担当の臨時の会計係として、名寄支部の佐々木茂一さんを出席させていた。

彼はもと、剣淵の町職員で、ＰＣ操作も堪能で、旭川の民謡会でも知られた存在らしかった。若槻副委員長の口添えもあたかも知れないが、それにしても、土田さんと柏木さんの行動力には感服させられることが多かった。

その後も、土田事務局長と柏木副委員長の二人のコンビで、大会作業は粛々と着実に推進されてきた。

二人は課題を逐一、実行委員会了解の下で解決に当たってきた。

実行委員会を六回ほど開催してきたが、その都度感心させられたのは、次回までの課題を言葉でも文章でも明確にして、次の会議では、その進捗具合を、具体的に委員の面々に見せてくれることだった。臨時会計の田中茂一さんも、協会のマークの入った大会用の領収書を作成してきて、経理について質問したり、納入方法を説明したりして、執行部の一員に熱心に加わっていた。

一四、令和の夜明け

平成三十一年四月十四日、道連連合主管による初めての北海道地区大会は、期待通りの成果を得て盛会裏に終了した。

私は大会が恙なく終了できた喜びの外に、この大会を通じて更に大きな収穫を感じていた。

それは、長い間の少数による執行体制の依存から抜けきって、新しい集団執行体制の動く姿を見たことだった。

大至急、令和に相応しい道連連合の人事に着手しなくてはならない。

そんな折、柏木副委員長から先に連合人事の話を持ち掛けられてしまった。

私の副委員長を降ろして、山田さんを副委員長にしてください。そして、私を山田さんの後任の会計にしてください。実は山田さんの処遇に頭を悩ませていたので、私は助かったの感はあった。だけど、柏木副委員長を会計にする案は考えてもいなかった。柏木さんは、私はそんな器ではありませんから、と言い張ってくれるので、英断に感謝して、甘えることにした。すぐに山田さんに副委員長推薦を伝えると、私は体力的にも執行部の仲入りはもう無理です、と辞退。それなら、相談役の一名が退会したので、その後任に・・・という結論になった。私にとっては有難いことだった。田中隆雄前委員長と山田實前事務局長には生き方も含めて教えを受けたいことが沢山ある。

平成三十一年四月二十三日㈫、道連連合委員会各会代表者会議で道連連合大会開催日（令和元年八月十一日）と令和一・二年の新執行部を決定した。

あと七日で平成は終わりを遂げて、令和の時代がやってくる。令和初の連合大会は、新役員たちが会場に爽やかな令和の涼風を送ってくれるに違いない。（完）

あとがき

もう一つ目次に、「辻旅館で」の一章を予定していたが、残り原稿字数が少なくなったので割愛した。朝食で同じテーブルを囲んで、ご機嫌伺いの挨拶を交わす程度だが、何年も顔を合わせると、つい知己の気分になってしまう。

愛知県から毎回来ている正師匠の渡辺傳次郎・追分三味線の祐紀和夫人、東大阪から江差追分二級、尺八奏者の斎藤功謡（勲）師、江差追分全国大会十八回連続出場の横浜の永井春吉さん。それに、函館の末武忠雄さん、煙たいようでいて人懐こい。

実は本書の最終章を私の道連連合委員長退任までとするか、江差追分の師匠資格獲得までとするかと、期限は曖昧なまま執筆作業を進めていた。

ところが、平成二十九年十二月二日、新聞で、平成天皇の退位が決定されて、平成時代の終了を三十一年四月三十日とすると報道された。

すると、平成時代はあと一年と四か月ばかりの日数しかない。おかしいもので、急に平成時代に愛着を感じてしまった。思えば、自由自在に全精力を傾注して行動できたのが、平成時代だった。思い通りの趣味に邁進できたのも平成時代だった。私の第二の人生、すべてが平成時代だった。

その平成時代、あと一年四か月しかないが、本書を平成時代の最終日までの記録にしようと決めた。

そうこうしている間に、道連連合が主管で開催する（公財）日本民謡協会民謡民舞北海道地区大会の日が、平成三十一年四月十四日に決まった。

平成三十一年四月、平成最後の月。この響きは、終生忘れないかもしれない。

本書の最終章には、失敗しても成功しても、この初めての主管となる北海道大会を登場させよう。それからは、平成最後の月と進路を合わせながら執筆作業に取り組んできた。

私は人生を大まかに三つのステージに観たてている。

第一の人生、六〇歳くらいまで。就職、結婚、子育て、猛烈社員、働き盛り、退職までの時代。

第二の人生、八〇歳くらいまで。退職後の余裕時間たっぷりの年金生活時代。人によって違いはあろうけれど、子どもの養育も終わって、まだ心身ともに健康そのもの。悠々自適で、趣味三昧の生活をしている時代。本書の背景は二幕目になる。

第三の人生、寿命尽きるまで。そろそろ高齢化の影響で、薬局・病院と、趣味でもないのに行く羽目になる年代。迷惑にならないうちに、社会的な活動から身を引いて、断捨離をするとか、やむなく隠居・独居生活になる可能性の多い時期。

そんな理由から、今回の北海道地区大会が終了したら、第三人生の幕明けで連合委員長を辞退しようと密かに考えていた。しかし、先に柏木さんに副委員長辞退を告げられて、そのまま人事作業にのめり込んでいって、委員長候補を探す手はずを見失う結果になってしまった。組織に迷惑をかけてはいけないので任期の令和二年まで、連合委員長を務めさせて頂くことにする。

ついに、第三の人生に入ってしまった。時代背景は令和。趣味の民謡、三味線、江差追分、物書き、他にも、やりたい事はまだ有る。あれだけ出張が多い生活だったのに、民謡関係がほとんどだから、行楽で大阪も奈良も沖縄も佐渡も九州も四国も、行ったことがない。京都も一回きり。旅行らしい国内旅行の経験は殆ど無い。今後の夢は有名な民謡のふるさと探訪。佐渡おけさの佐渡、しゃんしゃん馬道中唄の宮崎県、徳島の阿波踊り、ドジョウ掬いで有名な安来節の島根県。諸般の役職から離れて、浮いた時間を、残りの人生を、好きなことをして楽しんで過ごしたい。

先日、パスポートの更新に行ってきた。五年にしますか、一〇年にしますか、と聞く。一瞬、返答に詰まった。自分は八〇歳。五年更新では、当然八五歳まで、一〇年更新では九〇歳まで、海外旅行の効力を発揮できる。パスポートは九〇歳まで効力を発揮できても、生身の自分は健康、体力に九〇歳まで効能を発揮できるか、自信のほどは無かった。

しかし、「一〇年更新で、お願いします。」と言った。

これからの人生、ここが大事なポイントだと思う。もう高齢だからと、目標を低く抑えるか、高く掲げるかで、終着点が大きく変わってくる。幸せは自分で作るもの。人生一〇〇年は、どうでもいい。第三の人生。自分の人生は自分の尺度で幸福度を測りながら生きていきたいと思っている。

（令和元年　北海道道みんの日、七月十七日）

著者略歴

辻　　義彦　Tsuji Yoshihiko

昭和14年　北海道生まれ

公益財団法人日本民謡協会北海道　道連連合委員長

北海道民謡連盟空知地区委員会　相談役

美唄民謡鏡峰会連合　会主　　　美唄ときめき舎　社主

資　格：日本民謡協会師範教授

北海道民謡連盟最高師範

江差追分準師匠

著　書：「学芸会脚本集　君も出ているよ」（きしやま印刷）

「中高年のときめき人生」（文芸社）

「袖すり合うも民謡（うた）の縁（えん）」（北海道出版企画センター）

現住所　〒072-0015

北海道美唄市東４条南６丁目17－３　美唄ときめき舎

趣味の民謡人生

発　　行　2019年10月25日
著　　者　辻　　義　彦
発 行 者　野　澤　緯三男
発 行 所　北海道出版企画センター
〒001-0018 札幌市北区北18条西６丁目２-47
電　話　011-737-1755　FAX 011-737-4007
振　替　02790-6-16677
ＵＲＬ　http://www.h-ppc.com/
印 刷 所　㈱北海道機関紙印刷所

ISBN978－4－8328－1909－2　C0095